图 1　作者与乔吉拉德合影

图 2　作者在央视《奋斗》节目录制现场

图 3　作者与主持人合影

图 4　第四届速成班合影

图 5　第九届训练营合影

图 6　第十届归元寺合影

图 7　作者在山区王英中学公益演讲

图 8　作者与美格森总裁曹新泰合影

图 9　西安美格森讲师训练营合影

会销演讲系列丛书

引爆执行力

戴博◎著

中国经济出版社
CHINA ECONOMIC PUBLISHING HOUSE
北　京

图书在版编目（CIP）数据

引爆执行力／彭博著．

北京：中国经济出版社，2015.6

（会销演讲系列丛书）

ISBN 978－7－5136－3823－4

Ⅰ．①引…　Ⅱ．①彭…　Ⅲ．①组织管理学　Ⅳ．①C936

中国版本图书馆 CIP 数据核字（2015）第 110981 号

责任编辑　贾轶杰

责任审读　霍宏涛

责任印制　马小宾

封面设计　任燕飞

出版发行　中国经济出版社

印 刷 者　北京力信诚印刷有限公司

经 销 者　各地新华书店

开　　本　710mm×1000mm　1/16

印　　张　12.5

字　　数　140 千字

版　　次　2015 年 6 月第 1 版

印　　次　2015 年 6 月第 1 次

定　　价　38.00 元

广告经营许可证　京西工商广字第 8179 号

中国经济出版社　**网址** www.economyph.com　**社址** 北京市西城区百万庄北街 3 号　**邮编** 100037

Preface ▷ 前言

作为领导者，你是否觉得自己的员工工作不积极，明明制订了可行性计划，却无法得到有效实施？

作为管理者，你是否觉得下属做事拖拉，明明一个月前就下达的任务，可半个月过去了，一点进展都没有？

作为员工，你是否觉得很委屈，明明很努力地工作，却得不到上司的认可，轻则挨训、重则受罚？

其实，这些都是执行力缺失的表现。很多企业都有这样的疑惑：员工明明都很有能力，可是为什么创造不出绩效呢？不管是对企业还是对个人来讲，成功的关键就在于执行力。如果将企业比作一艘船，那么执行力就是人与桨。船能否行驶、行驶得快与慢，完全取决于人和桨。也就是说，执行不力，企业战略再好，也无法取得预期效果。

A企业因经营不善被另一家大型企业收购，A企业的员工以为新老板会大刀阔斧地进行改革，可是，结果却在意料之外。新老板仅仅是派了一位总经理、一位销售主管、一位财务主管，其他人员不动，制度也没变。新老板只有一个要求：将原有的制度坚定不移地执行下去。一年后，企业起死回生，利润丰厚。

同等条件，结果却完全不同，原因就在于执行力。执行力不仅是现今企业要考虑的头等大事，也是个人取得成功必须具备的特质。

那么如何才能有效提升执行力呢?

本书从思维和行动这两个方面入手，对执行力进行了深入的探讨与分析。在思维方面，包括执行意识、执行态度、思维方式等，这些因素是有效执行力的基本前提，不可或缺；在行动方面，包括时间管理、目标规划、高效沟通以及管理方法等，这些因素是让执行有结果的主要力量，也是本书的核心。

在这个快鱼吃慢鱼的竞争时代，比别人抢先一步，你就有更多成功的机会。希望本书提供的意见和方法能给您带来一些启发，在成功的道路上越走越远。

Contents ▶ 目录

第一章　有效的执行源自有效的执行意识　/1

提升执行力从思想开始　/3

做一个有智慧的执行者　/6

没有执行力，就没有竞争力　/9

执行力不是“管”出来的　/11

执行力让企业和员工双赢　/14

有效执行力的特征　/17

第二章　拥有黄金心态才能提升执行力　/21

端正的心态是执行有力的根本　/23

借口是执行力的杀手　/26

抱怨拖延执行速度　/29

超越“委屈”，推动执行　/31

赢者的心态造就赢者的执行力　/34

什么样的心态能帮你改变现状　/37

不进则退　/41

第三章　无效执行力的原因解析　/45

员工执行不力解析　/47

团队执行不力解析　/50

基层管理者执行不力解析　/54

中层管理者执行不力解析　/57

高层管理者执行不力解析　/60

第四章　有效的思维方式推动执行　/63

掌握有效的思维方式　/65

责任思维　/68

成果思维　/71

感恩思维　/74

高标准思维　/77

创新思维　/80

第五章　走出执行误区　/83

有结果的执行才是有效执行　/85

苦劳、功劳不等于执行力　/88

完成任务不等于结果　/91

犹豫让执行一再拖延　/94

不要被恐惧束缚住手脚　/97

不要让“完美”影响执行力　/100

第六章　管好时间，才能高效执行　/103
时间为何总不够用　/105
时间管理“象限法”　/108
激活日常碎片时间　/111
工作中给自己一个最后期限　/114
科学合理地分配时间　/117

第七章　把握技巧，将执行进行到底　/119
明确目标，高效执行　/121
计划先行，才能有效执行　/124
总结过去，执行未来　/127
隐藏自我利益　/130
有战略地去执行　/133

第八章　高效沟通，为执行结果加速　/137
沟通不畅，摩擦不断　/139
如何做，才能有效沟通　/142
有效倾听才能有效执行　/145
先准备，再沟通　/148
把握重点，有效沟通　/151
高效运用肢体语言　/154
不同风格沟通技巧　/157

第九章　用制度和管理为执行保驾护航　/161

构建高效管理制度　/163

执行力的强度取决于纪律性的强度　/166

恰当授权，激发良好执行力　/169

完善的激励机制刺激执行力　/172

奖罚分明，执行有力　/176

第十章　构建企业文化，营造良好执行氛围　/179

服从是第一执行力　/181

打造团队凝聚力　/184

塑造员工归属感　/187

第一章

有效的执行源自有效的执行意识

第一章
有效的执行源自有效的执行意识

提升执行力从思想开始

提升执行力，首先要从思想着手。每个人都有劣根性，庸、懒、散、奢是很多人的通病，能推给他人的工作自己绝不动手，其实只是顺手的事。我曾去一家公司找一个朋友，在等朋友的间隙听到了这样的对话。甲说："半小时后开会，记得把上次给你们的资料带上。"乙说："啊？我还没整理好。"甲说："这份文件我前天就给你了，怎么还没整理好？"乙说："你不是说不急吗？我想……"甲说："我是说不急，但这都两天了，难道我一直不说，你就一直拖着？"这种事情在很多公司都会发生，不是因为资料不急就往后推的问题，而是人从思想上觉得拖着也没事，反正不急，何必把自己搞得那么累。

还有一次，我给朋友打电话，确认前段时间委托他的事情办得如何，接起电话直奔主题，而朋友却回了一句："这么多天了，你都没再想其他办法吗？我把这事都给忘了，要不我抽空再给问问……"结果我没让朋友再去问，想必答案与这次无异。如果以这样的态度去工作，想必上司不会喜欢，交代给你的工作不是推诿，就是忘记，或者是完成得一塌糊涂，这样如何让上司放心呢？

我看过不少公司员工的工作状态，说实话，得过且过的人不在少数。他们打着上班的名义，不是放空思想发呆，就是做着与工作无关的事。当上司急于要某份文件时，才想起来自己还有工作没完成。有时看到一个员工接到一份整理数据的工作，其实半小时就能完成，可是他却顺手将资料放在一边，继续与游戏奋战。我说：“刚才不是让你整理数据吗？”那员工头都没抬地说：“整理什么呀，还不都是那一套，等他要的时候，把上个月的找出来，改一下日期就行了。”思想决定着行为，如果从思想上认为工作是可以应付的话，那么上班不过就是混日子而已。即便交差了，也毫无意义。一些企业员工的工作效率太低，其实就是因为他们在思想上存在问题。企业总是强调提高工作效率，却忽略了最根本的思想问题。提升执行力，首先要将员工的思想转变过来。

思想不转变，还会影响业务水平的提高。其实，很多企业每个月或每年都会举办业务知识方面的培训，可员工的业务水平还是提不上来，究竟是为什么呢？我曾问过一些参加培训的人，很多人的回答惊人的一致：公司说是培训，其实也没学到多少东西，都是听领导在上面讲话，但他讲了什么，记住的却不多。可想而知，这样的培训对工作起不到任何作用。还有一部分人觉得培训就是放松，尤其去外地参加培训就是去游山玩水的。即便参加了培训，也不求甚解，更何谈钻研业务，主动学习！于是，他们在工作中的执行力就会大打折扣。

一个人无论多聪明，如果思想不通，聪明就会无用武之地。张瑞敏曾说过这样的话：“如果一个员工思想不通，你派十个人都管不住他；如果思想通了，你不用管他，他都会努力地工作。因此思想通了，一通百通。”执行力的提升离不开思想上的重视。我们日常所进行的有意识的活动，其实都是受思想的支配。一个人的想法，从某种程度上说，可以激励人，也可以禁锢人。

就企业而言，首要的不是如何提升业绩，而是将员工的思想重视起来，使员工的思想与企业文化相适应，从而使执行力得到提升。企业要不失时机地对员工开展思想政治工作，用正确的思想观念去影响员工，增强企业的凝聚力与竞争力。

做一个有智慧的执行者

执行需要智慧，比如同一件事情，有的人能够高效快速地完成，而有的人则需要很长时间。前者就是有执行智慧的人。这种执行智慧不在于你的智商有多高，而在于你的认识是否到位。如何才能做一个有智慧的执行者呢？下面我们一一进行阐述。

第一，化繁为简。将复杂的事情简单化，这一点有很多人都做不好。记得有一次我给一位老同学打电话，因为很久没有联系了，他可能没有保存我的手机号码。手机接通后，他说："喂，你找哪位?"表面看这似乎没有什么问题，生活中很多人都是这样接电话的，其实这是一种执行力差的表现。因为我打的是手机，无须再问，肯定找的是你。本来一件很简单的事情，他这样一问，常常搞得对方也不知道如何回答，反而将事情搞复杂。

还有一次，我出门去送人，手机放在办公室里。我刚回来就听见手机在响，赶忙进去接听。原来是一个老朋友打给我的。我说："老李啊，什么事?"他说："怎么才接呢？我都打了好几个了!"我告诉他我去送人了，手机没拿。他接着问："送谁啊?"我再告诉他是一个客户。他接着问："哪里的？"我再告诉他是广东的，之后他才开始说正事。显然，如果把这种对话的模式放在工作中，执行力肯定不会太强，很多事情会被拖延。因为执行者往往会被一些无关紧要的事情所吸引，正事被延误。

我经常去一些公司做培训，看到有些公司的规章制度印得到处都是。员工手册厚厚的一沓，规章制度就有好几十页。出于好奇，我问一名员工："这些规章制度你都看过吗？"他看了我一眼说："每天工作这么忙，哪有时间看那玩意儿。"那么问题出来了，既然员工都没时间或者不愿意看完那些规章制度，那么公司这么做的意义在哪儿呢？难道仅仅是为了体现一个公司的规范吗？很明显，这样的公司将事情复杂化了，本意是想规范员工，提升员工执行力，实则没有起到任何作用。

还有一些企业特别喜欢开会，不管大事小事都在会议中解决。事实上，一些小事情站在楼道里或者喝咖啡的时候就能解决。而采用开会的形式，需要发邮件、贴通告、组织人员，还要准备纸、笔和发言稿等，不仅浪费了很多时间和精力，有些事情还不一定能够一次性解决，执行力极度低下。原因就是企业将简单的事情复杂化了。

第二，化简为量。将简单的事情量化，不要胡子眉毛一把抓，因为这样会让执行者的精力分散，事情反而会变得混乱。还是拿开会来说，有些领导在一次会议中总是想解决很多问题，而事实上很多事情得不到解决，或者解决了无法执行。

我见过这样一个会议，参会人员有 30 人。会议开始，领导说："今天我们要讨论三个问题：一是企业经营方向问题；二是新产品包装问题；三是绩效改革问题。"之后，有的人开始想企业经营方向，有的人开始想新产品的包装，有的人开始考虑绩效的改革。当领导说企业经营问题时，突然有人对绩效改革问题产生了灵感，举手发表对绩效改革的建议。试问，这样的会议能有效解决这三个问题吗？显然，答案是否定的。

如果换一种方式，老板在会议中专门解决新产品包装问题，那么参会人员就不会想到其他问题，这个问题很快就能够解决。接着再开会解决第二个问题，依此类推，做事的效率就会提高很多。所以，作为执行者，我们要“化简为量”，将简单的事情进行区分，然后再去执行，效果会好很多。

第三，化量为序。将量化后的问题一个个地解决，也需要有序地进行。就像安装机器，你要先安装底座，然后再装零部件，这样效率会比较高。

我们在执行一个任务的时候也应该如此。抱着“化量为序”的思想，厘清事情的轻重缓急，找到突破口，有序地完成，这样我们的效率才会提高，而且不留后遗症。如果我们做事不考虑主次顺序，就如同建房子没有打好地基，房子建得再漂亮，内部装修再奢华，都有倒塌的危险。

在一个群体中，你让一个人去打篮球，他 90% 是不会去的；而大家都去打球，即使他心里不想去，但最后 90% 的可能都会去的。作为领导，要懂得引导员工执行，而非指手画脚讲大道理。只有将思想融入执行力中，这样的执行才会更彻底、更有力。

没有执行力，就没有竞争力

每个企业都有经营的目标，而目标完成与否，与企业执行力有很大的关系。当一个企业的执行力不高时，团队的斗志就会无形中被削弱，企业的竞争力也会慢慢地丧失。企业的发展固然离不开完美的战略，但如果没有有效的执行力，一切都是空谈。可以说，企业的成功，三分靠战略，七分靠执行。

比尔·盖茨曾说过："没有执行力，就没有竞争力！微软在未来十年内，所面临的挑战就是执行力。"很多事实都可以证明，企业执行力强，就可以抢占先机，快速发展，增强竞争力。反之，执行力弱，就会错失良机，发展停滞。缺乏执行力，企业也就没有了核心竞争力。

企业开会是司空见惯的事，而会议也体现了一个企业执行力的强弱。有这样两家企业，一家企业在开会时，领导在上面侃侃而谈，会场上鸦雀无声。员工看似认真在听，究竟听进去多少却不得而知。可是散会后，大家你一言我一语，不同的声音此起彼伏。有些甚至有自己的小团体，各个团体之间明争暗斗，很难达成共识。另一家企业在开会时则不同，大家在会场上各抒己见，畅所欲言，甚至争得面红耳赤。会议结束，共识达成，下达决议，立即执行。

结果可想而知，第一家企业在执行力上已经失去了先机，即便战略制订得再完美，也无法适应市场。执行力的差异直接关系到企业的竞争力。

企业能否立足，归根结底，就是看有没有竞争力。人才、产品等都是企业的核心竞争力。但是只有这些还不够，还要看执行。对于企业来讲，品牌再响，缺乏执行力也无法占领市场；人才再多，没有正确的工作态度，那么一切都是空谈。

一家企业经营不善，宣告破产，老板因欠款太多而潜逃，而离这家企业两公里之外的另一家同类型企业却生意兴隆。两家企业办厂时间相差无几，客户与资源也相当，可境遇却天差地别。有人采访生意兴隆的企业老板，老板说："虽然我们大体上看差不多，但有一点不同，那就是公司安排什么工作，员工都会立即执行。无论是产品品质还是交货时间，说好的事就一定按时完成。可他们却忽略了这一点，赏罚不明，致使员工执行力很差，产品品质无法保障，交货时间也是一拖再拖。慢慢地，客户也会对企业失去信心。"

我曾听有的企业老板叹息说："为什么同样的投资，同样的计划，可结果却截然相反呢?"的确，背景相当，可仅仅是执行力的差异，有的企业成功了，而有的企业则输得一塌糊涂。

执行力不是“管”出来的

对一个人来说，执行力就意味着办事能力，就是保时保质保量地完成任务。对于企业来说，执行力就意味着经营的能力，就是在一定时间内完成企业所制定的战略目标。有些企业总是喜欢用“管”的方式来提高员工的执行力，可是这样真的有效吗？

我们可以看到，那些富有工作激情的员工，通常不用督促就会积极工作。相反地，那些情绪不高的员工，即便接下了工作，再三保证“一定会完成”，完成效果也总是不尽如人意。

从某种意义上来讲，管理就是一门学问。每家企业都有自己的一套制度，有的企业用制度来激励员工，员工的工作激情高涨；可是，有些企业的管理者却用制度来束缚员工，每天像监工一样盯着员工，甚至还在办公区装上了摄像头，方便监控。这样也就出现了一种情况，员工对工作越来越敷衍：摄像头下看似认真工作，实则效率极低；交代的工作，不到最后一刻不会去做；即便做了，也是应付成分居多。执行力不是“管”出来的，制度固然重要，可如果方法不当，就会适得其反。我曾看到有些公司员工只是关注着摄像头什么时候转到他那里，或是领导什么时候过来。这样的员工执行力低下，对待问题也是不求甚解，得过且过，对于企业毫无帮助。

很多管理者一直强调执行力的重要性，可是，激励制度却未落到实处。即便你天天盯着员工，也不一定能起到好的效果。

一家保洁公司，保洁员大都是上了年纪的人。他们的管理者是一个不到 30 岁的年轻人，没有什么管理经验，只知道对他们指手画脚，弄得他们心里很不舒服。这些保洁员大都文化程度不高，可是人生阅历丰富，很多时候是软硬不吃。你越是让他做这些，他越是逆着来，而且理由颇多，总能让你找不出话来反驳。对此，管理者极为头疼。后来，公司换了一位管理者。面对同样的问题，这位管理者首先强化了公司制度，赏罚分明。休息时，他会和这些保洁员唠家常，从这些保洁员口中，管理者也知道了很多以前了解不到的事情。一位保洁员说：“先前的管理者只把我们当劳动力使用，指使我们做这做那，每天摆出一副让人难以接近的样子，头抬得高高的，很让人讨厌，我们当然不愿听他的指挥。”另一位保洁员说：“就是，天天盯着我们，生怕我们偷懒似的。”又一位保洁员插话说：“这位管理者就不一样了，他没有看不起我们，事情做好了有奖，当然了，做错了也有罚的，但罚得我们心服口服。”

作为企业高层管理者，要做的不是如何“管”人，而是如何让下属拥有执行力。要把合适的人安排到合适的岗位，同时还要锻炼员工的团队协作能力。这里需要面对几个问题：一是让员工爱上工作，运用合适的方法调动员工积极性；二是让员工会工作，通过培训使员工的综合素质及专业知识得到提升；三是训练团队协作的有序性，不至于面临突发事件而自乱阵脚。所有的工作都离不开员工，因此，只要员工愿意做，那么，工作就能顺利进行下去。不要总把员工当成只会工作的机器，那样只会出现你管得越严，员工越不听话的情况。真诚与员工沟通，从思想上靠近他们，了解他们，就会有意想不到的收获。

执行力让企业和员工双赢

企业经营说到底就是为了盈利，那么，如何才能使企业立于不败之地，长久保持盈利呢？最重要的还是要看执行力。李嘉诚说：“企业的首要问题是盈利，盈利的关键是执行，提升执行力是企业和员工的双赢选择。”

对于员工来讲，执行力是其走向成功的资本。要实现自己的抱负，执行力的提升很重要。微软公司人力资源总监曾说：“我身边的同事个个身体力行，一个毕业生要想成为微软人，首先要成为一个有执行力的人。相比于辉煌的背景，执行力显然更为有效。”微软拥有现今的成绩，与其强大的执行力是分不开的。

我曾听一位经理讲，他们公司让他负责选拔一位员工任分公司的市场部经理。他选了几位平时表现不错的员工，对他们说：“公司的一款新产品上市有一段时间了，现在需要一份全面的市场调查报告，我给你们一周的时间做调查，然后汇总交给我。”散会后，那位经理一直关注着这些员工的动态。一些资历较老的员工并没有马上着手工作，而是坐在一起讨论此事的必要性。有的觉得时间过于紧迫了；有的觉得人手不够；有的则觉得没必要调查，库存说明了一切；有的认为即便调查了，老板也未必会看……总而言之，他们对此项任务有诸多不满。那位经理有些失望，此时他却看到一位刚过实习期的年轻人已整理好资料走出了办公室，显然准备投入工作了。果然没让经理失望，一周后，年轻人交出了一份详细的调查报告，而且还将一些数据做了注解。毫无疑问，年轻人成了分公司市场部经理。那位经理用一句话堵住了那些心生不满的人，他说："企业看重的是有执行力的员工，而执行能力也是一个员工最基本的职业素质，忠实执行任务的人也必然会得到企业的重视。"

作为一名员工，要想获得更大的发展空间，拥有更好的工作，首先就要提升自身执行力。执行力的提升，也是自身竞争力的提升。

我曾问过一位员工："在一个岗位上一待就是十年，不烦吗？"员工说："烦也没办法，谁让我只会做这个呢。"我说："既然烦怎么不换份工作或是努力得到提升呢？"员工说："我从来没想过提升，我只是个收发邮件的小职员而已。"我说："每天收发邮件难道对公司的发展没有任何认知吗？"员工有些不解地说："认知？这又不是我该关心的事，我只要按月领工资就行了，公司的发展有领导操心。"如果每个员工都是这么想，那么企业的发展必定前景无望。这样的观念直接导致其工作懈怠，即便执行，也是马马虎虎，更别提品质保证了。执行力的提升并非是领导层或是管理者的"专利"，从某种意义上来讲，企业与员工是一体的。换句话说，两者一荣俱荣，一损俱损。

企业的成功与发展需要员工的成长来做依托，而员工的成长则需要企业来为其搭建平台。也就是说，只有企业的成功与发展，才会带来员工的成功与发展。对于员工来说，他并不只是一个个体，即便能力再强大，如果没有发展空间，也是英雄无用武之地。企业不仅可以为员工提供生存资本，更重要的是可以为其提供成长与发展的空间。在企业中，员工不仅可以积累经验，快速成长，还可以实现自身价值，而企业则从员工身上收获了更大的利益。也就是说，企业兴，员工则兴，反之亦然。

有效执行力的特征

无论是对个人还是企业，有效的执行力是走向成功的不二选择。企业要想取得成功，就要懂得如何来挑选有执行能力的人。企业的员工都拥有了执行能力，那么，企业的发展也是持久的。通常来讲，有效执行力具有一定的特征：

第一，自发性。对于个人而言，不仅要会做工作，更重要的是有工作的意愿。比如说，你接到一份工作，首先想到的不应该是我能不能做好，而是要想尽办法将工作做好。这是一种态度。在面对挫折的时候，有人闯了过来，而有人则在挫折面前唉声叹气，无所作为。其实，在面对生活、工作、人生时，他们缺少一种自发性，一点小风小浪就可以将他们摧毁。一天，一位朋友打电话给我，抱怨声不断。他说："我明明看到老板出去了，怎么才五分钟不到，一转头，他就站在我身后。"我说："老板站你身后怎么了?"朋友苦恼地说："站我身后是没什么，关键是我看老板出去了，就开小差在玩游戏，谁知道他那么快就回来了。"此刻朋友还没意识到自己的错误，而是一味抱怨老板回来的不是时候。其实，很多企业里都有这样的员工，老板在身边时，很卖力地工作；老板一出去，就会将工作丢一边，这样的员工也是无法取得成功的。

第二，责任感。拥有执行能力的人通常责任感都很强。他们不会认为工作是负担，而是自己应尽的责任。再烦琐的工作，他们也会一丝不苟地对待。注重细节，把工作当乐趣，这样的工作态度怎么会不成功？而有些人则缺乏认真工作的态度，对工作提不起热情，他们做的永远都是他人分配的工作，即使这样，也不一定能做好。我去一家专柜买鞋，正在挑选时，看到一位年约25岁的年轻人搬来凳子，站上去，伸手调整灯光。此时我才注意到，那束灯光直接打在了地上，没有衬托出卖品的效果。事后，我悄悄地问店员，那位调整灯光的年轻人是不是店员之一。那位店员露出了崇拜的眼神，说：“他是我们区域经理，今天是来视察工作的。”我突然很欣赏这位年轻人，年纪轻轻晋升为区域经理，即便身处高位，对于细小工作也是极为负责。他能发现他人发现不了的细节，而这些细节通常会为他们的成功铺平道路。

第三，坚韧性。拥有执行能力的人大都有韧性，抗压能力强，面对不利的条件，也能一一克服，最终完成任务。在他们看来，认准的事，不管困难再大，也要想办法完成。世界在高速发展，人们面对的压力也越来越大。在面对工作时，保持良好的情绪是非常重要的，这就需要你有一定的韧性。生活中不乏有才干之人，但真正能成功的却不多，这与其坚韧性有一定关系。我与一位经理在谈话中提到了人才，经理说：“市场上不缺人才，但意志坚定、全力以赴、积极进取的人却不多。通过这段时间的观察，我发现那些不太聪明的人却是公司最能干的人，他们的做事态度让我很欣赏，有进取精神。反而那些自认为聪明、有高学历的人对待工作缺乏一种坚韧性。”大多数企业或许在招聘时会看重学历，但学历不能说明一切。一些总是自我感觉良好的人一旦遇到挫折就会畏缩不前。只有那些百折不挠、肯付出的人才能战胜种种磨难。如果没有一定的坚韧性，是很难撑到最后的。

第四，协作性。我们虽然是独立的个体，但是很多事情离不开团队的协作。拥有执行能力，必定有团队精神。身为一个管理者，你的执行力不是孤军奋战，而是懂得如何带领下属走向成功。对于企业来讲，全员经营很重要，如果个个都争做单兵英雄，那企业就如一盘散沙，一阵风就可以吹散。集体的力量是无穷的，打造强而有力的团队，增强团队协作性，无形中也增强了企业的战斗力。

第二章

拥有黄金心态才能提升执行力

端正的心态是执行有力的根本

有这样一句话：心态决定一切。积极的心态具有一定的魔力，不仅可以激发一个人热情，还能增强一个人的创造性。拥有积极心态的人总会看到事情美好的一面，他们目标明确，即便遇到困难也能迎难而上，这样的人通常拥有卓越的执行能力。相反，心态消极的人不仅缺乏目标、害怕失败，而且总是抱怨这抱怨那，一遇到阻力就半途而废，这样的人执行力都较差。

我曾看到这样一则故事，故事的主人公是根雕大师。他决定退出根雕界，想和老伴到处走走。此时，一位经朋友介绍而来的根雕爱好者找到他。原来这位爱好者意外得到了一块上好乌木，想让他雕刻成一件工艺品。因为是朋友介绍他推脱不掉，再加上爱好者给予的报酬很高，他就勉强同意了。他着手雕刻，可是心境与之前却不同了，他的心思已不在雕刻上了，手艺大不如前。雕刻完后，爱好者前来，看到作品，似有惋惜地说："跟我想象的不太一样，看来还是找错人了。"

一个人的工作态度与执行的质量密不可分。我们常常看到，同一家公司，同一批人，可是多年后境遇却大不相同。有人在一个职位上一待多年；有人灰溜溜地离开了公司；而有人则升职加薪，成为公司不可替代的人。

小王和小张毕业后同时应聘到一家公司，两人都是高学历，怀揣梦想，想要在公司大展拳脚。他们也自认为能力很强，会得到公司的重用。可是，事实却让他们失望了，两个人都被安排到了极为普通的岗位。两个人都觉得老板有眼无珠，但好不容易得来的就业机会让他们暂时忍下了心中的不快。小王对这份工作是打心眼里不喜欢，每天除了抱怨就是瞅机会想着跳槽。对工作的失望也让他失去了工作热情，他经常缺勤，还动不动就与老员工起冲突，几个月下来没有一点业绩。反观小张，虽然对公司的安排有些失望，但对待工作的态度却很认真。几个月后，他的业绩惊人，因此得到了老板的肯定。结果可想而知，小王漫不经心的工作态度致使他收到了公司的辞退信，而小张则获得了一个不错的职位。

社会上不乏小王和小张这样的人。有人如小张一样认真工作终获得认可；也有人如小王一样好高骛远，终日碌碌无为。起点一样，条件相当，可是因为心态不同，结果大相径庭。我们对待工作的态度决定了执行力的强弱。如果一直意志消沉，那么执行力必定减弱，工作也就无法很好地完成。

有一家公司准备办展销会，需要确定参会客户，好提前做准备。这件工作看似简单，实则不轻松。经理有心考验一位员工，便将这项工作交给了他。经理将整理好的客户名单及资料给了那位员工，让他与客户一一联系并确定对方是否参会。刚开始，员工工作很卖力，不仅耐心给客户讲解，有些电话暂时打不通，他也会做标记，过后会再打。可是，这样的工作热情并没有持续太久。经理发现，打不通电话，员工不再做标记了；一听客户说没兴趣，他也不会耐心去说服了。到最后，他给经理的答复就是，这些单位没有意愿参会。这样敷衍了事的工作态度让经理很失望，之后再交给他任务时，他所反馈的信息，经理都会下意识地去怀疑。

心态决定了一个人的行为，也决定了一个人对待工作时是尽心尽力还是草率处之，是积极进取还是安于现状。很多人在职场处处碰壁，不是因为没能力，更多的时候是因为心态不好。一个拥有积极心态的人在接受任务时，即便认为有难度也会想办法完成。相反，一个消极的人会将困难无限放大，成功的概率微乎其微。

借口是执行力的杀手

很多人一旦完不成任务就会为自己找各种借口，有些甚至在去工作之前就找好了完不成的借口。在美国西点军校，最广为流传的行为准则就是“没有任何借口”。在面对军官的问话时，他们的回答简单有力，即“报告长官，是”“报告长官，不是”“报告长官，不知道”“报告长官，没有任何借口”。他们不会多说一个字，只会想尽办法去完成任务，绝不会去费力寻找借口，即便那个借口很合理。

借口会成为执行力的首要杀手。面对领导交代的工作，无条件服从，不找任何借口，不达目的誓不罢休，这样才能称得上是优秀的执行者。一家上市公司，每天的工作节奏很快，而且领导的一些决策也是在不断变化中拟出来的，上午计划还可行，到了下午就有可能全盘否定，这就是商场。曾听到一家上市公司的经理秘书在面对经理突如其来交代的任务时是这样回答的：“好的，没问题，半小时后资料会送达您的办公室。”看似简单的一句话，却是执行能力的体现。经理只是临时需要一份资料，秘书没有借口地接下了工作，且说明了交付时间。而有些人则恰恰相反，在面对上司突如其来的任务时，会找各种借口，如时间太紧，手头上还有很多工作没处理好等。

要知道，借口再合理也无法掩饰你没有完成工作的事实。曾听一位企业家说过，企业对一种员工很不欢迎，往往你对他说了很多，他回答你的就是“好，知道了”。可是事实呢，他们是知道了，但给予的结果却没想象中的好，或者说他们根本就没有执行。面对工作，不停地找借口，就会给人一种不负责任的印象，久而久之，便什么事也不敢交给你了。

人一旦有了借口，执行力就会大打折扣。比如说，你接到一项任务，你若问自己：这个任务我有能力完成吗？这时，你已经在搜寻无法完成任务的借口了，你的潜能是无法真正得到发挥的。如果你问自己：完成这个任务我需要做些什么？哪些地方需要改进？怎么做才能提升自己的能力？应该用何种方法来完成任务？那么，此时你脑子里所搜寻的就是完成任务所需的条件，同时会想办法满足这些条件，而你的潜能也会被激发。

“十一”黄金周，某公司要派五名员工到外省参加一个展会。那个省刚好是旅游大省，节假日期间车票异常难买。老板将这一任务交给了一位员工，预售票第一天，老板就让那名员工去车站买票了。下午，员工大汗淋漓地空手跑回来。一回来就对老板说：“人实在太多了，我排了两个多小时的队，可是售票员说不管是软卧、硬卧还是硬座，就连站票都没了，没办法我就只好回来了。”听了员工的话，老板很是无奈。后来，老板将任务交给了另一位员工，这位员工颇费周折地订到了 5 张高价票，虽然多花了一些钱，但任务完成了。而且，相比参加展会，这些多出的钱就是九牛一毛。

要知道，老板看中的是结果，不需要任何借口。一个从不为自己找借口的员工一定是一个执行力强的人。只有失败者才会不断为自己找借口，成功者只会努力寻找解决问题的方法。不要让借口成为执行力的绊脚石。

抱怨拖延执行速度

很多人都知道抱怨解决不了任何问题，可是遇到不顺心的事，人们还是会习惯性地去抱怨：不是抱怨工作不好，就是抱怨上司不公平；不是觉得生活太压抑，就是觉得人生没意义……有人存在的地方就少不了抱怨，可是，有谁是靠着抱怨成功的呢？恰恰相反，抱怨会将原本简单的问题复杂化，有时还会带来极为严重的影响。

我接到一位朋友的电话，一接通他的抱怨声就传来了：“我今天真是太倒霉了，快到公司时一辆车从我身边开过去，溅起的水花直扑向我。最可气的是我穿的是白衬衣，上面斑斑点点的，到公司不知收获了多少嘲笑的目光，弄得我一天都没心情工作，被老板训了两次……”其实这是一件很小的事，水花溅到衣服上，到了公司可以用湿毛巾擦一下，即便不如洗得干净，但不至于影响美观。可是朋友却抓着一个点不放，进而让负面情绪影响到了工作，白白浪费一天时间。

一位员工鼓足勇气问日理万机的经理：“经理，你每天面对那么多工作，还要经常加班，怎么从没听你抱怨过？”经理极为简单地回了一句："我没时间去抱怨。"那位员工瞬间没话说了。与其抱怨，不如想办法去改变。一个有执行力的人必定有接纳批评的包容心，其解决问题的行动力也很强。

抱怨不仅消耗能量，最重要的是毫无意义。当我们想表达不满，又找不到倾听对象的时候，就会无意识地抱怨给自己。这种主观意识的扭曲，会让我们变得焦躁，进而影响事情的发展。

当然，世事难料，来自生活、工作的压力，让我们或多或少都会生出抱怨。让你不抱怨，并非是用消极的心态去接受所有的不公平，而是用积极的心态去面对这些不公平，用乐观的心态看待每件事，时刻提醒自己"这其实没什么大不了的"。当你用一分钟的时间去抱怨时，你就可能因为这一分钟而失去一个客户。在成功的道路上，需要不抱怨模式。遇到人生绊脚石，不要抱怨石头怎么会出现在这里，而是想办法越过石头，继续前行。

很多员工执行力差，为什么？这样来说吧，早起上班，看到公司产品，你说一句："这样的产品给谁用啊！包装那么难看，谁会买！"那么，整个上午，甚至是一整天，你的工作效率是极低的。抱怨只是一句话，却直接影响执行力。

事实上，抱怨是一种没有能力的体现，也是非常拙劣的发泄情绪的手段。带着抱怨接受任务、完成任务，想必效率不会太高。收起你的抱怨，即便遇到再大的挫折，也要努力想办法去解决，而非一味逃避，因为这是失败者的表现。

超越“委屈”，推动执行

在执行任务的过程中遭遇“委屈”是在所难免的。面对“委屈”，每个人所表现出的态度也从侧面反映出了一个人的境界与水平。“委屈”面前，有人满腹牢骚，甚至撂挑子；有人默默承受，却工作效率极低；有人尽管心里难受，但不会让工作受影响，一如既往，满腔激情。请问，你是哪一种人？

我们常常听到这样的话：“工作苦点、累点倒是没什么，可最让人受不了的就是两头难，两边受气。”其实，这样的情况在哪里都会遇到，比如身为老公，会在母亲和妻子之间受点“委屈”。一位优秀的老公不是多会赚钱，而是懂得平衡彼此的关系，知道自己的责任。当你觉得在两者之间受委屈了，并被这种委屈影响心情，那么，家庭关系也不会非常和睦。再比如，身为中层管理者，接到上级的任务，需要严格贯彻执行；当你把任务下达到基层，却收获了无数的“抱怨”，有些情绪激动的还吵了起来。这样的“委屈”也是很多人感同身受的。你做任何事都不可能获得所有人的“理解”，鲜花、掌声背后必定有不同的声音存在。而且很多事情都存在风险，遇到埋怨、苛责，受点委屈是在所难免的。

我发现有这样一种现象：大多数员工喜欢被表扬，却承受不起批评；喜欢发奖金，却在面对客户抱怨时觉得异常委屈，甚至说出“我不干了”。一位经理因为下属交上来的计划书有错误而批评了员工两句，或许经理也没意识到自己说的话有多重，只听“啪”的一声，办公室的门震天响。没过一会儿，经理接到电话，那位摔门的员工说：“我长这么大从没受到这样的气，这工作我不干了。”这话多少有些孩子气，可身处职场，很多员工都在做着孩子气的事。一有委屈，他们想的就是抱怨或者撂挑子走人。在给你发奖金的时候，怎么就没听你抱怨呢，批评两句就受不了了？要知道，这是你选择的工作，你在享受工作给你带来荣誉和金钱的时候，就要懂得什么是承担。不管是你的责任还是委屈，都是随着工作一并存在的。

对于成功者来说，他们委屈大于荣誉。就比如说范冰冰，人们对她的评价一直是褒贬不一，可以说批评多于认可和支持，可人家依然活跃在银屏上。不管身处什么样的位置，都要明白一个道理，你既然享受了荣誉，那么，就要承担那些不认可。

很多人执行力不足，大都是觉得太“委屈”了，尤其是刚刚毕业的大学生、研究生，个个心高气傲，总觉得自己很了不起。一遇到解决不了的问题而受到上级的批评，就觉得“委屈”。其实，这真没什么好委屈的，公司聘请你过来，是让你解决问题的。如果你总是发现不了问题，更无法解决问题，那么不是能力问题，就是心态问题。领导愿意给你提意见，换个角度来看，其实也是在助你成长。

如何才能推动执行？其实很简单，超越“委屈”便可。很多人会认为，自己明明很认真地工作，可是，仅仅一点点错误就被骂得一文不值，将自己所有的努力都否定，心里实在委屈。其实，这样的心态对执行力的影响很大，任由这样的“委屈”发展，只会越来越消极。并不是所有的人都能做到超越委屈的，但最起码要试着去做，遇到问题，变换角色，这样会轻松很多。

赢者的心态造就赢者的执行力

一个人失败的最主要原因在于，对自己的能力持怀疑态度，甚至觉得自己不可能成功。你拥有什么样的心态决定了你将成为怎样的人。通常来讲，一个人如果赢的欲望强烈，获得成功的可能性就会大增。

在很多时候，赢的欲望是一个人的本能。在小学时，两个小男生打架，谁也不让谁，这是赢者心态。上初中了，两个成绩相当的同学，表面风平浪静，实则内心在暗自较劲，这次你超过我，下次我一定会赶上你，这是赢者心态。参加工作了，比的是业绩，总想着争第一，为成为第一而不断努力着，这也是赢者心态。

无论是在生活中还是在工作中，如果胸无大志，得过且过，就会事事不如意。如果天天心想着：我不就是上个班嘛！要我见客户我就见，客户愿意签合同那就签，不愿签就算了。客户说两句不太好听的话，你扭头就走，比客户还傲慢。你和一位同事一起进入公司，人家已经连续几年成为销售王，马上要被提升为区域经理了，而你的态度呢？“他业绩好又不关我什么事！我每月工资照拿，何必搞得自己那么辛苦。再说了，我也想成为经理啊，可我没那个命。”

我们常说：“不想成为将军的士兵不是好士兵。”马云也曾说过：“不想当将军的士兵不是好士兵，但是我认为当不好士兵的人，永远也当不了一个伟大的将军。”的确，生活中存在很多这样的人，他们只想着成为将军，却没有为此做过任何努力。换句话说，如果你连一个士兵都做不好，又怎能成为将军。

一句话，赢者的心态造就赢者的执行力。下面我们就来分析一下，赢者需要具备哪些心态。

第一，遇事积极面对。拥有积极心态的人，大都有着不达目的誓不罢休的精神，积极和消极之间、主动和被动之间有着极大的差距，两者造成的结果也是天壤之别。我遇到过这样一件事：领导给两名员工分配了一样的工作，一个月后验收，赢者便可有丰厚的奖金。最后，一个毫无收获，一个超额完成。看到这样的结果，领导也很纳闷。两个人能力相当，结果怎么差距这么大？原来，那位毫无收获的员工接到任务后，觉得任务是不可能完成，领导是刁难人，所以对工作并不上心。另一名员工呢，虽然也觉得工作难度大了些，可骨子里不服输的劲儿让他积极地去面对，迎难而上，解决一个又一个难题，最终获得了好成绩。

积极面对是非常重要的，一遇到困难就退缩，觉得自己做不来，那么，什么事情都做不好，甚至连最简单的工作也无法完成。

第二，绝不被动等待。身处职场，有人如鱼得水，而有人则怨声载道。造成这两个完全不同局面的原因之一在于：前者主动出击，并承担所有责任；后者则被动等待，如算盘珠子，不拨则不动。他们永远不会主动去寻找事情做，甚至在接到领导下达的任务时也多是应付了之，常常会听到他们说“这件事老板又没交代我做”之类的话。消极等待工作的结果就是执行力越来越差。一个优秀的员工不等领导安排就会把事情处理好，他们会主动请缨，克服困难，为公司赢来更大的利益。有些员工则是靠规章制度督促才会工作。面对这两种员工，你作为老板，会选择哪一种？

第三，有赢的野心。一个人的野心很重要，但野心不代表空想。当你有了想赢的野心，并为之付出了行动，那么你就成功了一半。一个员工看到别人用一年时间晋升为主管，他说：“我一年后也一定成为主管，否则……”他敢于给自己承诺，因为他想赢，赢的心态是前提。一家企业有1000名员工，可是，这1000名员工中多半以上的人都不想赢，那么，这家企业能赢吗？一个企业家问一名正在应聘的人：“你来这里上班，梦想是什么？”应聘者说：“我想赚钱，努力工作，成为经理。”企业家说：“那还是算了吧，这样的梦想在任何一家企业都可以做到。”另一名应聘者的回答是：“我想成为像您一样的人。”后者被录取，原因很简单，后者有赢的野心。试想一下，如果企业的1000名员工都想赢，企业还愁没发展吗？

要知道，方法永远要比问题多。遇事总是畏首畏尾，害怕失败而踌躇不前，那你永远是个失败者。当你拥有了赢者心态，你就会为之而努力，不断前行，你的执行力也会无形中被提升。

什么样的心态能帮你改变现状

在工作中，我们会发现一种现象：当你身边的人工作都不太积极时，即便你的工作积极性再高，也会一点点被磨灭。所以说，员工的执行力弱，到底是能力问题、经验问题、人品问题，还是心态问题呢？我觉得，一个员工在一家企业几年下来毫无发展，那必定是心态出现了问题。因为能力一般，可成绩斐然的人有很多。想要改变现状，就要先改变心态。

第一，遇到问题不推脱。很多人自以为很聪明，为自己找借口回避工作。工作没完成，就找理由脱罪，好似一切错误都是别人造成的。明明是自己的错，却一副委屈样。没做好就是没做好，工作没尽力，所有托词只能是你掩盖自己无能的理由。其实，无论是面对工作还是生活，只要尽力而为，就算失败了，至少没留遗憾。如果一失败就找理由为自己辩解，那么，你今后工作只会越来越懒散。

身为企业员工，你是否以企业为荣？在谈论企业时你是否说过“能进入这家企业真是太幸运了”？我一个朋友只身前往外地发展，很幸运在一家外企找到了一份不错的工作，一天给我打电话说：“我怎么感觉越来越累呢？这里压力大，工资也不高，最可恶的是老板不给我机会……”听着他的抱怨，我说：“既然意见这么大，不如辞职算了。”他说：“那怎么行，辞职了，我上哪儿找这么好的工作！”我说：“比这好的公司有很多啊。”他说：“可人家不要我。”这是很多员工的通病。

遇到问题，解决问题，不要总说老板不给你加工资，不给你发展的空间，你要先看看自己干了什么。如果你干得好，业绩提高了，还怕老板克扣你工资吗？

第二，要善于发现问题。公司聘请你来不是喝茶聊天的，而是解决问题的。比如让你去卖一件产品，可是你回来后却说：“产品知名度不够高，都没人买。”听到这样的话，老板做何感想？如果产品放在那里，一下子就被顾客抢着买走了，那还聘请你做什么呢？员工最大的职责就是为公司解决问题，做好自己本职工作的同时，对公司的发展也应有一定的了解，这样才能为公司做更多的事。不要觉得做超出自己工作范围的事就是“吃力不讨好”，如果你仅限于了解自己的一方小天地，那么，你永远也进步不了。

两个人同时进公司，一个成了经理，工资翻倍，一个原地打转。为什么？举个例子来说，这家公司是做有机蔬菜生意的，老板让他们一同去农贸市场看看有没有有机番茄卖。三小时后，两个人回来了。“原地打转”的员工说：“有有机番茄卖，9 块 8 毛钱一斤。”老板说：“然后呢？”员工说：“然后？没有然后了。”老板示意另一位员工说话。那位员工说：“我去市场看了，有机番茄就有两家卖，都是 9 块 8 毛钱一斤。因为天气原因，大量有机番茄会在两天后上市，我觉得这两天有机番茄的价格还会涨。我又跑了几家超市，并没有看到有机番茄，其他有机蔬菜也很少。现在人们对有机蔬菜越来越青睐，超市会是一个很大的市场……”同样的时间，前者只是了解了一点信息，而后者却了解了很多信息。做着同样的事，有人发现了更多的问题，而有人什么也没发现。也可能一开始没什么差别，可是三五年之后呢？十年之后呢？差距就会越来越明显。成功的秘诀就在于：你善于发现问题。

第三，不要表里不一。白天在公司吹着空调上着班，私下却说公司这不好那不好，这其实就是在出卖自己的良心，从侧面看你也只配在这么差的公司里上班。既然觉得不好，为什么不选择离开呢？既然觉得领导某方面做得不到位，为什么不提出来呢？这就是你的问题了。你诋毁公司，实则是对自己人格的侮辱，而这样的人也无法对公司尽心尽力。一个名牌师范大学毕业的人，毕业后找不到工作。我跟他说：“去学校找工作吧。”他说：“现在的学生太难管了，看见就头疼，我最讨厌教书了。”我说：“那你当初为什么选择师范？”他说：“是家人的意思，说以后好找工作。”这么纠结，只会让人生越来越没有方向感。如果你觉得公司不好，不适合你，那么，你可以果断离开，寻找更适合自己发展的公司，而不是一边拿着这家公司的工资，一边却不停地骂公司。

第四，你的荣誉、收入与责任、委屈并存。企业可以带给你荣誉，相应地，你也应该有承担责任及委屈的心态。老板批评你，有两个原因：一是你做错事了；二是你的事情没做好。既然是你的问题，就要接受批评，改正错误，而不是心存怨恨，做事敷衍，这其实很幼稚。你的工作如此，有什么可抱怨的？

你想要高收入，想要成功，就要做好放弃休息日的准备。换句话说，你要提升业绩，就要做好被顾客拒绝的准备。很多人只愿享受快乐、轻松，却对责任视而不见。不管是领导还是员工，要记住，责任大于荣誉。但凡成功者，其所承担的责任和承受的委屈也是不可想象的。你做得越多，收获也就越多。收获的同时，所有责任与委屈也是你必须承担的。

只要将心态摆正，用积极的心态去推动执行，那么，你的潜能就能得到最大限度发挥。将良好的心态融入执行力中，用智慧去做事情，那么，成功也将是必然的。

不进则退

21 世纪最不缺的就是人才。在这个时代，生活每天都在发生变化，产品更新换代之快也令人咋舌。这是个优胜劣汰的时代。竞争之下，如果你不进步，那么明天就有可能被竞争对手超越。所以说，不管是个人还是企业都要有不断追求进步的心态，强化学习意识，这样才能在残酷的竞争中占有一席之地。

优秀的执行者即便自己能力超强，也不会忘记学习。李嘉诚说："这么多年来，我一直养成一个好习惯，每天坚持学习一小时，无论做什么工作，甚至旅游都会带上书本。"

有些员工抱着"不求进步，只求保持原样"的态度去工作，实则就是一种后退。和你同期进入公司的员工已经成为主管级别，而你还处在初入公司时的职位，你还会认为保持原样很好吗？人生要学习的东西有很多，要经历的考验也是无法想象的，不要总是停留在原地，不思进取，那只会让自己在面对困难时事情处理越来越艰难。

我曾听一位员工说："我太高兴了，领导分配了五项任务，让我们自己挑，我挑了一项最简单的，闭着眼睛就能完成。”越是简单的工作越体现不出一个人的能力。总是做着最简单的工作，不求上进，是无法进步成长的，而且工作效率也不高。

同等时间内，有人做十件事，而有人一件事也做不好，这就是效率。效率从哪里来？当然是从不断学习进步中得来的。

小姚和小唐同时进入一家企业，两人都是名牌大学毕业，都有骄傲的本钱。小姚生性谦逊，对于老员工毕恭毕敬。老员工交代的事，他会认真完成，一遇到不懂的事，就会及时问，比如：“公司每年八、九月份会遇到什么事情吗？为什么每年这两个月的营业额会骤降？”老员工一脸赞赏地说：“小伙子，眼睛挺毒，我只是让你整理一下往年的营业数据，没想到……”老员工将原因一一说与小姚听。小姚认真地听着，心里也在慢慢盘算着，如何改变固有状态。

反观小唐，仗着自己是名牌大学毕业，不可一世。在他眼里，那些老员工都一无是处，要学历没学历，要能力没能力，只懂得指手画脚。于是，对于老员工分配的任务，他从不放在心上。毕竟是刚刚毕业的大学生，没有社会经验，遇到不懂的事情在所难免。可他总认为，拉下脸去问那些没读过几年书的老员工是件丢面子的事。

半年后，小姚升为部门主管，而小唐因为工作差强人意被公司冷落一旁。不得已，小唐跳槽了。

大多数老牌企业的老员工都是从底层做起，跟随企业成长，一步步走到今天的，虽然没有高学历，但社会阅历极为丰富，成为像小唐这样刚刚走出校门的毕业生的人生导师还是绰绰有余的。

身处职场，要永远有一个学习的态度。你不懂，人家懂，那你就得向人家学习，即便他在很多方面都不如你。在竞争越来越激烈的现今社会，不学习，只会被淘汰。如果你觉得工作中从来没有遇到过问题，这本身就是最大的问题。因为当别人不断进步的时候，你还缩在自己狭小的空间里，没有成长。

一个不断进步成长的人会不断充实自己，提高自身价值，他们不会拒绝接纳新事物，相反，会对新事物有着强烈的求知欲。不断地学习进步，可以为自己的职业生涯奠定坚实的基础，最后，一步步走向成功。

第三章

无效执行力的原因解析

员工执行不力解析

在企业里，我们确实常常会听到一些管理者抱怨员工执行力不足，可是从未在自身找原因。其实，员工执行不力的很大一部分原因是管理者出现了问题。作为管理者，如果一味向员工强调执行力，不但起不到应有的效果，还会使员工产生逆反心理。要知道，员工并不会因为你过度强调就真的获得了执行力。要想让员工执行有力，就要对症下药，这样才能彻底解决问题。员工执行不力，究其原因，主要有以下三个方面：

第一，员工不知道如何执行。员工不知道如何执行，其实很大一部分原因是决策出了问题，员工不知道该做什么，怎么做。决策的不准确或是不完整都会影响到执行的力度。有些决策因为时机不对或是缺乏支持条件，即便再努力也是没办法执行下去的。还有些决策因为不成熟，脱离实际，执行不下去。

有这样一则寓言：老鼠被猫不断猎杀，这一状况让老鼠们非常恐慌，于是便有了一次鼠民大会。一只老鼠站了出来，它平时就喜欢发号施令，仰脸说：“那只猫一天不解决，我们就没一天好日子过，迟早会成为它爪下的玩物。显然，杀死它对于我们来说是不可能的，所以，我们目前的主要问题就是如何躲开那只猫，避免被其抓住。我准备了一个小铃铛，只要将这个铃铛挂到猫的脖子上，那么，当猫靠近我们的时候，铃铛发出的声音就会给我们报警。这时，我们赶快躲到洞里，那就安全了。”这只老鼠的意见得到了热烈的掌声，老鼠司令部都认为这是一个很好的主意。而此时，一只小老鼠站出来说：“可是，让谁去猫的脖子上挂铃铛呢?”此话一出，会场没了声音。

这个故事告诉我们：“决”而无“策”是不行的，决策并不是说要做什么事，而是做成什么事。当做不成或是做不到时，那决策便毫无意义。很多企业大道理不少，具体该怎么做却无人教，大都看自己的悟性。可是，大多数员工靠悟性是完不成工作的。计划要明确到人，不然就会出现：员工甲这样认为，员工乙那样认为，大家各自忙各自的，到最后什么也没做成。很多时候，实施决策并不是一个部门的事，这就需要相互配合。驱动部门行动起来，其他部门相应配合，这样才能完美实施。在决策实施过程中，矛盾是必不可少的，这时就需要一位具体的负责人。否则执行过程中出现矛盾，各部门就会争吵不断，矛盾升级，进而影响决策实施。因此，方案明确、责任到位对员工执行力的影响是非常大的。

第二，能力不足。所有成功的企业都不会让你每天重复一样的工作，每一个决策伴随的都是新的工作内容及要求，对于员工的能力也是一种考验。但是大多数决策对于这一点都不太重视，具体的实施方案总会让员工倍感压力。员工能力有限，培训必不可少。当然，培训后获得的新技能在工作中并不一定会真正运用，这里还是心态的问题。很多员工不愿改变，面对突如其来的变化，会心生不安，下意识地运用自己所熟悉的方法解决问题。其实，很多时候，员工并非害怕改变，而是对被改变心生排斥。当他们对于变化应对自如时，就会泰然处之。所以管理者对员工要多加引导，让他们尽快适应新的方法。

第三，不愿执行。员工不愿执行，原因有很多，除了前面两点，还有一种较为常见的原因，就是员工看不到自己的成绩，于是没有了继续工作的动力。当然，很多时候员工并不是说一定要得到什么奖励，但至少要看到自己的成果。试想一下，你忙前忙后，累得要命，可是到头来还是没有任何改变，那谁还会有工作的激情？员工的工作获得认可很重要，只有这样才能使员工更努力工作，激发更大的创造力。

员工执行不力与上述三个方面有着很大的关系，所以，解决员工执行不力要从多方面入手，否则收效甚微。如果各种方法都用了，员工还是执行不力，那么，这样的员工只会拖企业的后腿。有些管理者一边抱怨员工执行不力，一边对执行过程中偷奸耍滑的员工视而不见，或是批评两句了事。这不仅纵容了执行不力者，同时对那些优秀执行者也是一种打击，对于企业的整体发展是非常不利的。

团队执行不力解析

什么是团队？团队就是一群人围绕着一个共同利益和目标，通过合理分工，进行协作与奋斗。团队中的每个人通过彼此包容，最终发挥群体的力量，赢得胜利。团队执行力对于企业的发展至关重要。

柳传志曾说："团队执行力就是'用合适的人，干合适的事'。"当接到领导分配的任务后，迅速做出反应，并认真贯彻、执行下去，这是执行能力的表现。一个团队如果执行不力，通常会暴露出很多问题。如员工贯彻执行能力欠缺，做事总是跟不上节奏；再比如员工在贯彻执行时缺乏原动力。

如今，团队执行力是很多企业所面临的一个普遍难题。团队执行不力的原因何在？有很多领导人将责任推到员工身上，认为员工能力有问题导致团队执行不下去。其实，从客观上分析，团队执行不力的原因如下：

1. 不明白为什么要执行。目标不统一，做起事来就如无头苍蝇一般。

2. 不明白执行的好处在哪。企业要的不是盲目执行，可是，如果下属不明白自身执行的价值和意义何在，那么，执行的力度就会小很多。企业要让下属看到实惠，看到自己的价值，这样工作起来才有劲。

3. 不明白为谁而执行。做了半天，不知道为谁而做?

4. 不明白谁来做。很多企业在岗位分工上并不是很明确，存在一个岗位多人，或是一个人分别处理多个岗位的事，这就造成责任无法到人，工作互相推诿的局面，在工作分配上也是麻烦多多。

5. 不明白何时执行。任务下达不明确或是其他原因导致员工不知道何时开始执行。

6. 不明白执行的任务是什么。任务落实不到位，分工不明确，导致不知道该做什么。

7. 不明白执行标准。不知道怎样才算是完成任务，怎样才算是做好了，没有一个明确的答案。

8. 不明白如何执行。确定了目标，可是没有谈及方法，那么该如何执行呢?

9. 不了解自己能力的深浅。一些领导分配完工作就甩手不管了，下属完成什么样是什么样。久而久之，下属也不觉得自己能力有问题，这与领导的监督不到位有很大的关系。

10. 不了解执行不力的后果。每个企业都应有一套完善的奖惩制度。如果完成与否都一视同仁，那么，谁还会去卖力地工作?

这些情况，很多企业都会出现，作为领导者，你是否认真分析过你的团队为何执行不力?不要总把“他们太笨了”“我怎么教，他们都学不会”之类的话挂在嘴边。与其抱怨团队没有执行力，还不如从根本上分析团队执行不力的原因。一个优秀的领导者，重要的不是你的个人能力，而是如何让你的团队具有执行力、战斗力。

我曾看到过这样的局面：一位领导者站在办公桌前大动肝火，面前站着一排下属，个个低着头。那位领导者不断地重复着下属做的计划如何如何不好，把下属说得一文不值，还说自己明明交代清楚了要这样做，怎么交上来的计划却面目全非……总之，各种不满意。发泄一通后，直接让下属拿回去重做，但至于怎么做却没有告诉下属。于是，下次交上来的计划依然得不到认可，下属仍被批评得一无是处。周而复始，领导者在下属心中的印象越来越差，而下属则给领导者一种“能力不足”的印象。

虽然不知道最开始领导者在分配工作时是如何交代的，但领导者跟进不到位也是导致执行不力的一个原因。或者在下属第一次做错时，领导者不是乱骂一通，而是和员工一起讨论改正的方法，相信工作效率会大大提高。没有教不会的员工，只有不会教的领导。

大家都知道在美格森有这么一支团队，他们被称为“狼性团队”，他们的口头禅只有一句话“保证完成任务”。这支团队就是战无不胜的招商部。虽然部门的成员大都由女性组成，但是她们却拥有狼的特性，那就是咬住目标不放。

2014 年，美格森招商部全体员工在总监张慧艳女士的带领下，超额完成了全年的销售目标。年初的时候，招商部就对目标进行了分解，并进行统一部署，细化到每个月、每一天、每个人，员工们只需照计划执行即可。“跟进、跟进、再跟进”，招商部要求员工必须抓住每个客户，服务好每位客户。员工每天 24 小时开机，电话、短信、微信、QQ，随时处理经销商提出的问题。只要经销商有合理的需求，员工们都必须坚决执行，确保经销商的利益。除此之外，主动积极、坚持不懈是他们这支团队的特点。招商部员工每天都会遇到各种加盟商、经销商，只要他们认为是潜在客户，就会想尽一切办法促成双方的合作，这需要耐心、细心，更需要坚持不懈的好心态。他们做到了，月月完成销售目标，直至超额完成年度目标，为公司的发展创造了一个又一个佳绩。

这就是团队的力量，每个人各司其职，坚决执行。团队是一个整体，需要成员的共同努力。对于企业来讲，执行不力是企业最大的内耗，不仅仅是人力、物力、财力的损失，更重要的是企业会错失很多机会，对于企业的战略规划有着极为深远的影响。当你发现团队有问题时，就要想办法并及时去解决问题。就算阻力大，也要有决心将团队培养成高效团队。

基层管理者执行不力解析

作为一个管理者，其责任在于创建一个相对和谐、阳光的组织环境。在此环境之下，保证每个人的才能得到充分发挥，价值得到体现。通常来讲，基层管理者就是某个项目的负责人、一线执行的指挥者或是具体操作某项任务的人。基层管理者应具备一定的理解能力、操作能力、学习能力、反应能力等，以便带领团队高效地完成任务。

基层管理者除了要指挥下属做好工作，更重要的是身先士卒。对于企业来讲，基层管理者为企业的发展奠定了基础，是企业应该重视起来的中坚力量。所以说，基层管理者的执行不力，对于企业的发展是极为不利的。拿破仑曾说："一只狮子带领的一百只绵羊可以打败由一只绵羊带领的一百只狮子。"从这里可以看出，一个管理者的执行力非常重要，关乎企业的生死。

很多管理者认为执行不力是员工的能力不足，因此，便让员工参加大量的职业技能培训，以此来改变认识及提高技能，从而提升执行力。其实，员工能力不足只是一方面，管理者也应从自身寻找原因。很多时候，团体的执行力差与管理不善有很大的关系。换句话说，个人执行力差可以是能力问题，可团队执行力差肯定就是管理者的问题了。基层管理者很大程度上起着承上启下的作用，一方面负责传达及落实企业的规章制度、决策、目标等，一方面带领其他员工具体执行。所以说，企业的执行能力如何看的不是中层，而是看基层管理者能否领会高层的决策，能否清晰地讲给下属听，并起到带头作用。基层管理者执行不力有很多因素。

第一，认不清自己。基层管理者不同于一般的小职员，可是，每天面对的也是很具体、烦琐的事务，其工作方法与技巧也有别于中、高层管理者。有些基层管理者认不清自己，以为自己是一个管理者，对底下的员工指手画脚，拿着鸡毛当令箭，没有深入基层，更别说发现问题、解决问题了。身为基层管理者首先要起到表率作用，不要总是强调下属执行，自己执行也很重要。

第二，沟通能力欠缺。在获得上级的任务后无法将任务的真正意图传递给下属，原因在于：一方面自己也没领会，一方面表达不准确。这些都会使执行出现偏差。在执行过程中，沟通是基础，建立一套沟通体系是很有必要的，可以使战略切实执行。

第三，执行无法坚持。没有坚持不懈的态度，对于政策的执行更是做不到始终如一。就算制度好，执行也寸步难行。

第四，制度不够严谨。因为制度缺乏一定的合理性，其针对性及可行性也相对欠缺，使执行变得不太顺利。企业执行力有赖于制度体系的科学、完整及可行性。制度不完善，即使管理者能力再强，执行起来也是差强人意。

一个团队的战斗力与第一指挥官的气势及胆量有很大的关系，管理者的执行力不足，那么，团队的执行力相应地也不强。

A 和 B 各带领一个团队。三个月后，两人聚在一起，A 垂头丧气，B 意气风发。

A 说："现在的员工太难管了，听话的能力不行，有点能力的尾巴都翘上天去了。你指东，他偏跑到西。"

B 说："不会啊，我们团队都不用我管，每个人都积极工作。"

A 说："真是太羡慕你了，我的团队要是能有你的成员一半听话我就谢天谢地了。你是怎么做到的？"

B 说："很简单，我并没有把他们当下属，而是一起创造成绩的战友。接到任务后，我们一起讨论了执行方案，然后各司其职，坚持朝着目标前进。"

其实，基层管理者不似中、高层管理者那般，需要制定宏观的策略，只需要认清自己。既要有气势，又不能太强势。基层管理者接触到的都是一线员工，所以，更需要耐心。深入到员工之中，有助于全面了解问题。

一个合格的基层管理者，应多观察员工的工作情况。员工为什么绩效提不上去，员工为什么工作总出错……这些都是基层管理者应该清楚了解并及时解决的问题。

中层管理者执行不力解析

中层管理者所处的位置在高层管理者与基层管理者之间，可以说起到了桥梁的作用。他们既是企业战略的执行者，同时也参与制定战术决策，承担着将高层的意图、基层的动向、市场的变化三者连接起来的责任，而这三者也是企业发展的动力。一家企业要想持久发展，中层管理者需懂得经营、管理，善于沟通，肯拼搏。

中层管理者要保证本部门的良性运作，上传下达，不仅对上级负责，同时也要对下级负责。在企业的经营活动中，中层管理者的执行力发挥着不可忽视的作用。组建一支优良的中层管理者队伍，就等于为企业注入了强大的竞争力。对于企业的生存与发展来讲，如何发挥中层管理者的能力是非常重要的。

在企业管理过程中，领导者一意孤行是大忌。通常来讲，领导者的想法只代表个人，与员工的想法肯定会有出入，因此两者的出发点很难统一。一些企业执行力差，很大一部分原因在于管理者喜欢做决定，却无法落到实处。

执行力的缺失是很多企业走向灭亡的关键，而中层管理者执行不力也是其中的一个重要原因。细究起来，中层管理者执行不力的原因有以下几方面：

第一，缺乏责任感。很多中层管理者占着位置却不做实事，报喜不报忧。这种自扫门前雪的心理，使部门与部门之间、管理者与管理者之间对工作进行推脱。行动迟缓，做事拖拉，使执行大打折扣。

老王工作了大半辈子，才做到了中层管理者的位置，这让他很得意。一次企业购买了一批地砖，仓库主管在验收时发现有四箱地砖有严重的质量问题。负责送货的人塞给老王一条烟，于是，老王睁一只眼闭一只眼放行了，像是什么事也没有发生一样。最后高层领导知晓了此事，对老王进行了罚款处理。这让老王不高兴了，为了在新员工面前争面子，于是找到高层领导“理论”。

作为一个中层管理者，不但没有起到良好的带头作用，反而无视企业制度及利益。没有责任心，执行力如何能提高?

第二，做不到始终如一。很多中层管理者在落实政策时，做不到贯串始终。在工作最初通常有组织、有计划，随着时间的推移，工作的激情被一点点浇灭。慢慢地，检查变得敷衍，督促变得无力，考核变得形式化……常常计划制订了却落不到实处，最后越到基层，执行力度越低，得过且过的员工也越来越多。

很多中层管理者一开始积极性很高，接到任务，又是制订计划又是分配任务，忙得热火朝天。可是，因为种种原因，如不被重视、得不到奖励等，最终激情散去了。其实，这样做无疑是在自毁前程。如果遇到了不懂得管理的上级，也不要过于激愤，要坚定不移地向前走，始终如一，才能走向成功。

第三，绩效考核不够精细。很多企业岗位管理、规章制度不够科学，缺乏可操作性，再加上对日常考评的忽视，考核越来越流于形式，员工的积极性也很难再调动起来了。一家公司制定了一套绩效管理体制，可是实施的结果却不理想。遇到的问题主要有：员工的业绩并没有真实地体现出来；员工对绩效考核并不热衷；员工觉得考核结果存在不公平现象……公司为弄清原因，进行了全面调查，最后得出结论：中层管理者不重视绩效考核。

第四，过分强调自我。一些中层管理者有着很严重的“自我保护”意识，他们多凭自身喜恶来做事。对于这些人来讲，企业的效益与发展是高层领导者的事，而企业只要保证每月将工资打到自己卡上就行了。他们关心的是福利、奖金，有好处就拼命往前，出了问题就视而不见或将一切责任推给上级、下属、环境。这类人想得最多的就是如何保住自己的位置，而非怎样才能做好自己的工作。

第五，部门利益重于一切。一些中层管理者在落实企业决策时总是拖拖拉拉，没有团队协作精神，认为部门小团体的利益重于一切。

还有一些中层管理者只听命行事，却不懂得如何变通；过分依赖下属，自身缺乏行动力；过分追求完美，却忽略了速度。总而言之，中层管理者执行不力有着多种原因。中层管理者对于企业的影响力是不言而喻的，其执行力直接关系着组织战略目标的成功实现。对于一个组织来讲，其能否持续发展，关键也在于中层管理者的执行力是否到位。

作为一个中层管理者，如果你认为你的工作就是制定策略、下达命令，而执行是给下属去实施，那么你就大错特错了。这样的想法将使你成为企业发展的障碍。

高层管理者执行不力解析

高层管理者的主要职责就是制定总目标、总战略，对组织的绩效给予评价。他们全面负责整个组织的管理工作，在层级组织中位于最高层。对于企业来讲，高层管理者关乎企业的生死存亡。

高层管理者考虑的问题更为长远，其最重要的职责就是塑造企业文化，对有利于企业各方面发展的人才进行发掘、培养，建立科学、合理的奖罚系统，使企业快速走向成功。作为战略规划的指导者，高层管理者的领导水平与企业的运营息息相关。在高速发展的现今社会，不管是国际还是国内，风云变幻，对于高层管理者的能力也是一大考验。

一个优秀的高层管理者，除了要有远见，可以把握行业命脉，尤其在企业转型期运筹帷幄，使企业走向另一个高峰外，还需具备超强的应变能力、组织能力、决断能力，以此来提升企业的绩效。

对于企业来讲，如果高层管理者的执行不力，那么对企业的发展将是毁灭性的。高层管理者执行不力主要原因在于以下几个方面：

第一，只有决策没有行动。很多高层领导者享受高高在上的感觉，只是制订计划、决策，但就是没有行动，或是行动不力。到最后，所有的决策也就成了一纸空文。

第二，只有授权没有监督。一些高层管理者将权力放下去就不管了，缺少一定的监管力度。这就出现了一种混乱的局面，下属各做各的事，或因为意见相左而矛盾不断。

第三，目标缺乏重点。目标不明确就会使下属在做事时过于迷茫，不知道自己在做什么或者做这些事的意义何在。所以，即便员工很认真地工作，企业还是停滞不前。

第四，目标脱离实际。虽然说作为高层管理者，目光要放长远一些，可是，如果好高骛远，就有些不切实际了。

第五，过于重权、专权。一些高层管理者总是怀疑别人的决策，不敢完全放手。一方面抱怨下属什么事都要自己过问；一方面什么事都要亲自参与，下属的每一项工作都会加入自己的“色彩”。久而久之，下属在工作前都会习惯性地问他们，而中层管理者此时就成了一个可有可无的角色，做事也束手束脚，无法发挥自身能力。

第六，角色错位。作为一个高层管理者，决策是首位，然后放手让下属去做。只要监督到位，下属也可出色完成工作。如果管理者将下属该执行的工作大包大揽，长此下去，就会造成企业工作效率低下的结果，下属的成长也会变得缓慢。

第七，识人不清。有些高层管理者识人不清，而且习惯性地将一些较为重要的工作交给这些人。这些人便借高层管理者的权力，狐假虎威，致使工作无法正常运转，或向相反的方向发展，给企业带来极大的损失。只有把合适的人安排在合适的岗位上，才能最大限度地发挥其优势，为企业创造利益。

以上是高层管理者执行不力的主要原因，还有一些原因也从客观上影响了高层管理者的执行力。如只顾着眼前的工作而忽略了学习，这就导致管理者能力得不到提高；急功近利，为快速达到应有的效果而做出一些错误的决策，要知道欲速则不达；再有，一些高层管理者对于奖惩不太在意，该奖的不奖，该罚的批评两句就完了，致使员工的工作激情不高，执行力也相对降低了。

Q 通过努力终于开了一家属于自己的公司。他的确有着超强的能力，短短两年时间，就使公司在行业里崭露头角。公司里也是一派新景象，员工积极性高，业绩节节攀升。可是，很快问题就来了。Q 是个控制欲较强的人，对于一手创立的公司，凡事都喜欢亲力亲为，而且他不信任任何外人，于是，公司的很多重要岗位都安排给了他的亲戚。Q 认为自己已经是个老板了，不需要再去学习，于是活在自己的世界里，制定公司发展战略也是一意孤行。他总是犹犹豫豫的，不敢快速做决定，害怕自己的努力付诸东流。就在他以为可以高枕无忧的时候，下面已经乱成一锅粥了。

高层管理者的决心非常重要，一旦做了决定就要马上执行，没完没了的讨论是优柔寡断的表现。高层管理者执行的关键就在于有着必胜的信念与决心，这样下属的执行力也能被调动起来。

第四章

有效的思维方式推动执行

掌握有效的思维方式

有很多企业有这样的疑问：为什么企业经年无法解决的问题，请的咨询公司在短短几个月内就搞定了？企业常年强调的问题，员工总是无法真正理解，甚至与企业对着干，为什么咨询公司却可以让他们在短时间内理解和接受？并不是咨询公司拥有过人的本领，最重要的是他们掌握了有效解决问题的办法。换言之，他们的思维模式更接近问题的本质。

相信每个企业都有一套自身的管理模式，可是很多企业却不明白，管理模式仅仅是管理思维的具体表现形式。也就是说，如果你只是学习管理模式的操作流程、工具及方法，是很难掌握管理的精髓的。因为你只是掌握了管理的表面，犹如隔靴搔痒，未能抓住重点。对于企业来讲，管理者掌握管理思维是非常必要的。

借力打力思维方式

企业在管理过程中可以借助一定的工具，就好比将钉子打入木桩，你是用手去打呢，还是用锤子去打？道理其实很简单，套用到管理里面其实也就是杠杆原理，借力使力，便可达到预期的效果。遇到问题可以借助分析工具，即先假设，再论证，然后达成共识、解决问题。这样更有效率。

我见过一家企业在会议上讨论问题，据说这是一个陈年问题，可每次开会都无法讨论出结果，因为高层管理者意见不一。两年时间过去了，问题经常被搬出来讨论，可就是得不到解决。并非高层管理者不重视此问题，相反，此问题涉及企业战略核心，他们比任何人都希望问题快点解决，可就是迟迟下不了定论，而问题的搁置也使企业蒙受了极大的损失。

分析显示，高层管理者可以利用分析工具先就一个问题进行思考，并当场做出决定，达成共识后继续第二个问题。刚开始或许会不适应，但在分析工具的引导下，人的思维也在发生着改变，问题很快就能得到解决。

逆向思维方式

有这样一则故事，相信很多人都听过：一个长得很漂亮的小男孩随着妈妈去商店买东西，老板非常喜欢这个小男孩，拿出一袋糖果，让小男孩自己拿一把。可是男孩看着糖果却一动不动，即便妈妈示意他可以拿，他也没动。没办法，老板亲手抓了一大把糖果放在小男孩大大的口袋里。在回家的路上，妈妈很好奇地问小男孩："为什么一开始让你拿糖果你不自己去拿呢？"小男孩一本正经地说："你看我的手和老板的手哪个大？当然是老板的手大，所以，他抓起的糖果肯定比我抓的多。"

其实故事中的思想与企业战略有着很多相似之处。很多企业都存在着惯性思维，即自己伸手拿糖果，此方法最为直接，也最容易掌握。很少有企业像小男孩一样，借他人之手去拿糖果。其实这也是存在一定风险的，比如老板真以为他不想要呢，那么他就一颗糖也得不到；或者老板拿的没有想象中的多。所以，这里就需要一定的技巧性，把握好一个度，最终达到借势的目的。可是，大多数企业都不愿意承担这样的风险，更不会贸然尝试，保守地选择“自己去拿”这样的战略。

有一位企业家曾说过：“人人都想把事情做好，但把事情做好的人没有几个，不是这些人不做事，而是这些人不会做事。会做事的前提是正确的思考和正确的思维，以此来指导做事。”

差异化思维方式

思维模式并不是固定的，不同的问题需要不同的思维来面对，遇到问题要懂得如何思考。从问题本质入手，才能使问题得到完善的解决。比如说，你喜欢一个女孩子，同时还有几个条件不错的人也想追求这个女孩，那么你如何脱颖而出呢？你要了解女孩子喜欢的是什么，从这一方面入手，才能得到女孩的关注。

其实，这也是一种差异化战略，在竞争中寻求自身优势。就如企业竞争，不同的企业在不同环节的处理能力也是有所不同的。这种差异可以成为竞争力，但最重要的是能否让受众接受。

我们常常会听到这样一些声音：“他做事只看眼前，没头没脑，顾前不顾后。”其实，这就是思维不够严谨的表现。思路决定出路，在考虑问题时，学着改变一下方法，相信会有意想不到的收获。如果思路不对，再完美的决策、再强的执行力也是无法成功的。

责任思维

什么是责任，责任就是没有“假如”和“借口”，不要将成功与否归结为环境因素，更不要把遇到的问题推到别人身上，勇于承担失败的后果。当你承担了失败的结果，其实也是在改变结果。

部门、员工之间为何总是各自为战？团队为何缺乏执行力？员工执行任务为何总是没有激情？有些员工为何总会丢失客户？员工为何总是跳槽？种种问题，其实都归结为员工做不到对自己、对团队百分之百的负责任。你的不负责任会渐渐失去他人的信任，导致什么事也做不好。“我负责”，只是三个字，但要真正做到却是不易。除了有责任心外，还要有足够的胆识与能力去负责。最重要的是，这并不是在工作失误后的“我负责”，而是在承担工作时，就要对自身有个清醒的认识，即一定要将这件事做好。责任的背后就是机会。美国总统威尔逊说：“责任感与机遇成正比。”你能够取得多大的成就取决于你可以承担多大的责任。

我们常说，能者多劳。通常来讲，你负责的事情越多，也就说明你越重要；而你面对的困难越多，则反映了你的能力越大。

有很多人对责任存在一定的误解，比如我们常听到这样的话：“这不关我的事”“这事不能怪我”……不管是身处职场，还是在生活中，推卸责任只会让自己变成一个懦弱者。责任感是需要慢慢培养的，下面我们来具体看一下如何修炼责任感：

第一，从自身做起。一切责任的源头在于自己，不要总是问企业可以给你什么，而要问你可以带给企业什么。我们常常会看到这样一幅画面：两个孩子不小心跌倒，哇哇大哭。没有不心疼孩子的父母。一位母亲慌忙跑过来，扶起孩子的同时，用脚不停踩着孩子摔跤的地方，嘴里念念有词：“谁让你把我宝贝摔倒的……”另一位母亲慢慢走过来，扶起孩子，拉到一旁说：“来，从这里再走一次。”生活中很多这样自己摔倒了却怪地面的人，应该学习后者，从自身找原因。

第二，遇事积极面对。从岗位职责上来看，要坚信方法比问题多。遇到困难首先想的是如何解决，而不是一种方法解决不了就放弃，将责任推得一干二净。

第三，遇事多想一想。遇到困难，向前跨一步。一个执行有力的人会想尽办法完成上级交给的任务，即便条件有限，也会努力创造条件。遇事多想一想、多做一做总没错。

有一家做皮革销售的公司，经理让两位员工去供货商那里了解一下皮革的质量、价格等信息，并写一份调查报告。20 分钟后，一位员工先回来了，交了一份极为简单的调查报告。原来他并没有去调查，只是从下属那里拿来数据，稍加改动，就成了一份自己的调查报告。两小时后，另一位员工回来了，交了一份很详细的调查报告，里面不仅清楚地记录着皮革的各等级质量及价格，而且后面还附带了从其他两家供货商那里了解到的信息，并且做了一份对比表，三家供货商的信息一目了然。

从案例中可以看出，第一位员工在面对工作时敷衍了事，应付成分居多；而第二位员工忠于自己的工作，真正做到了尽职尽责。

第四，小事也不能忽视。细节可以决定成败，可以说，一个对细节不重视的员工，一定是一个不专业的人，其敬业精神也不足。有人常常想做大事，觉得心细如尘的人太小家子气。其实，将每一件简单的小事做好也是一件不简单的事，大事都是从小事做起的。

第五，有立即行动的心态。将自己该做的事抓紧做好，节奏要快。身处职场，要明白一个道理，拖延并不代表谨慎。

第六，别让自己成为“老好人”。“老好人”与“老实人”是不能画等号的，一些缺乏原则的“老好人”事实上就如同帮凶一样。

每件事情必有结果，而每一个结果都有一个责任人。现如今，很多企业里的员工因为分工不明确，导致分不清责任该谁来承担。该自己承担的责任一分也不推卸，这样才能推动执行。

成果思维

成果思维重点在于成果，而非结果。对于企业来讲，什么是有效执行？如果执行收不到成效，那所做的努力是没有价值的。无论过程多艰苦，其行为都是毫无意义的。彼得·德鲁克说："很多人倾向于解决问题，而不是实现成果。"长期以来，很多人的思维模式就是"谋事在人，成事在天"。在这样的思维影响下，他们总认为，事情已经做了，结果没达到预期的效果，那原因在于外界环境或是时机不对。他们会为自己找各种理由，比如没有准备好、体系不完善、时间紧迫……久而久之，一腔热血也归于平庸，很多事情也没向"越做越好"的方向发展。

老板交给一个人一项任务——挖井。这个人先选了一个地方，挖了五米，没水；他又找了一处地方，挖了八米，还是没水；离这个地方不远处，他又开始挖，挖了近十米，还是没水。精疲力竭的他找到老板说："老板，挖了好几处，都没挖出水来。"

很多时候，有人将做任务与执行搞混了。接受了任务并去做，并不代表执行有力。在实际的工作中，你自认为是在执行，实则是在做任务。一个人要想让自己变得更出色，那么一定要有成果思维。

每次做事情之前，给自己五秒钟的思考时间，想想这件事的结果是怎样的。这也是为什么有的员工辞职，老板一挥手就准了，而有的则是老板不惜加薪也要将其留下的原因。那么，如何做才能取得最好的成果呢？

第一，进行成果定义。很多人对成果没有明确的定义，更没有对自己将要执行的结果做出承诺。他们认为什么样的结果并不重要，重要的是我确实是在做事。国外一家公司要在国内寻找一家公司作为长期供应商。小钱所在的公司也在考虑之内，但性价比不如其他公司高，老板并没抱太大希望，将任务交予小钱。接到任务的小钱给自己的成果定义是成交。也就是说，在做任务之前，小钱已经对执行结果做了明确的预期。

第二，进行充分准备。以“成果”为出发点，制定相应的行动措施，而且要认真检查关键点及阶段性成果。很多员工在为执行做准备时都很片面，因为对结果没有一个明确的定义，所以考虑问题也不周全。再来看看小钱是如何做的。小钱先是通过网络查询了客户的相关资料，尤其对有利于自己销售的资料更是认真揣摩。接下来，他又一一查看了竞争对手的资料，并将竞争对手与客户原则相悖的资料打印了出来，再将自己公司的优势做了详细说明。因为小钱的目标很明确，就是要与客户成交，所以他在做准备时就会把相关资料都查阅到，包括客户的需求定位和竞争对手的弱点，做到知己知彼。

第三，执着于行动。一个人的行动由思维决定，而行动决定了成果。小钱将收集的资料一一呈现在客户面前，并说服客户参观公司厂房。当然，客户并没有当场决定签约。小钱并没有放弃，除了当晚发邮件感谢客户到访外，后来又进行了电话沟通，最终从多家竞争对手中脱颖而出。

你的价值由你所创造的价值来决定。“做了”，即便付出了百分之百的努力，那也是零；“做到”，即便只用了一分力，也是满分。很多人不明白自己做事情的真正意图是什么，这也导致他们做事毫无章法，成果自然不能令人满意。成果思维最重要的意义是：有了预设的成果才确定了工作，并非有了工作才有成果。

每件事情都有难易之分，关键看自己的努力程度。事实上，当你做了 90% 的努力认为已经可以时，其实只需要再做那 10% 的努力就完美了。可是，因为缺乏成果思维，很多人都不愿做那 10% 的努力，认为有现在的结果已经很不错了。

执行如果没有成效，那么就是失败的。换句话说，在工作过程中，即便你的态度再认真，哪怕加班加点，熬上几个通宵，那也不等同于结果，而老板需要的只是成果。我们都知道，在公司，每个人都有自己的职责。就好比盖楼房，有人勘察地形，有人设计图纸，有人打地基……各有各的职责，每个人都会对自己的职责负起责任，可是，有人想过谁对成果负责吗？如果你没有成果意识，那么职责就是空谈。要想事情取得预期的成效，那么便要先改变思维。不要把思维仅停留在做事上，而是盯紧目标，努力取得成果。

感恩思维

我们常说，做人做事要怀有一颗感恩的心。人生路上，我们不可能是孤立存在的。你可以任性，但不可妄为。父母给了你生命、温暖，你要学会感恩；老板给了你工作、机会，你要学会感恩；同事给了你鼓励、关怀，你要学会感恩……企业需要心怀感恩的员工。你要感谢企业给予你展示的平台，感谢领导给了你机会。

很多人工作在乎的是工资，有奖金我就拼命工作，没奖金就没工作热情。其实，无论从事何种职业，当你学着用感恩的心去对待，那么工作就会更有激情，你在工作中也能更好地展示自我。在我们所生存的环境里，每一步成长与每一次成功都伴随着周围各种力量的帮助，如亲情、友情。心怀感恩，对于身边的一切，包括工作，你都会分外珍惜。

可以说，执行力源于感恩。感恩的心最主要的表现就是“马上做”。感恩企业，就会心甘情愿为企业出力；感恩某个人，就会为其做最大的努力。你在享受企业给予你的优越感的同时，理应心怀感恩，积极努力地做好自己的工作。为何要进行感恩？下面我们来具体进行分析。

第一，感恩让人找到乐趣。执行力的核心在于找到“快乐”，当你找到了“快乐”，就不觉得有负担。那么，如何找到这个“快乐”呢？最重要的就是“着迷”于你所做的事。学会了享受工作，那就会觉得快乐。我曾给一位朋友打电话，打了三通都没人接，只得放弃了。一小时后，朋友打电话过来说：“你刚才给我打电话了？”我说：“嗯，打了三通你都没接。”朋友有些歉疚地说：“对不起，你也知道，我工作起来很容易什么事都忘了。”这样的员工，相信领导都会喜欢，不用督促他们就会主动完成工作。心怀感恩的人会把心思放在工作上，与团队融为一体，这样就会有执行力，才能找到“快乐”，成就也会随之而来。懂得感恩，就会看淡得失，尽自己所能帮助身边的人。同事被其感动，学会感恩，那么，团队就会在感恩中找到快乐，这种快乐会瞬间引爆团队的执行力。

第二，感恩使人走向成功。我见过一个女孩，因为学历不高，被多家公司拒之门外。最后在朋友的帮助下，她找到了一份不错的工作。与她同批进公司的人都是高学历的，所以，她的待遇相对差些。但她并没有心生不满，相反，她非常感激公司肯留用她。进入公司后，她始终认真地工作。其他人大都抱着多做多错的心态，有工作时，能逃就逃。她除了尽心尽力做好自己的每项工作，还会主动去找事做。当了解到上司有需要协助的地方，她通常会提前做好准备。有同事嘲笑她，关系好一点的会劝她，说她薪水又不高，何必做那么多事。她笑着说：“遇到一位好上司当然要忠心为他工作。第一份工作薪水就很高，那说明我运气好；如果薪水不高，那我跟在上司身边也能学到不少经验。”最后，公司选派三人出国进修，三人中她是学历最低、资历最浅的一位。没有谁的成功是一蹴而就的，感恩会让人产生一种使命感，愿意主动去工作。你的爱心与你所成就的事业是成正比的。

在一个团队里，每个人的经历、想法等都不同，那么，是什么可以让一个团队凝聚在一起呢？答案便是感恩。感恩的心会让大家找到共同点，为一个目标而努力。团队协作的最高境界就是：即便没有人发号施令，每个人也能各司其职。这样的团队，其执行力是惊人的。

高标准思维

一个人的态度决定了其所取得的成就。如果你定的起点低，那收到的成就也相对较低。只有在高标准、严要求下，才能有高质量。不干则已，干就要干到最好。

无论是在生活中，还是在工作中，总会有人觉得委屈，不是说没有房、没有车，就是觉得工作不好、老板不好……面对一团糟的生活与工作，他们束手无策，结果只能郁郁寡欢。他们怪这怪那，却从不在自己身上找原因。其实，最主要的原因就是，他们对自己的要求太低，过日子也是凑合着过。常会从这些人口中听到："差不多就行了""没人检查，那么认真给谁看?"抱着这样的态度去工作，是很难取得成效的。

对于企业来讲，高标准思维是其立足之根本。试想一下，如果企业对产品质量把关不严，那么员工就会工作懈怠。即使没出大问题，也是小问题不断。久而久之，企业是很难在市场上有立足之地的。只有产品得到了认可，企业才能有发展。这就需要企业的每个员工都能按高标准严格要求自己。

一家企业要想成为行业第一，首先要将标准拉到行业第一。什么样的企业有什么样的标准。一流的企业，标准自然一流；而三流的企业，自然也是三流的标准。因此，实行高标准、严要求的管理理念，对于一个企业的成功是非常重要的。当每个部门的员工都能以高标准来要求自己，勇争第一时，才有可能使企业处于领先地位。也就是说，你想得到客户的认可，就要比客户高百倍地来认可自己及产品。

老王是流水线上的老员工，对于产品打磨他最在行，经他之手打磨的产品又平又亮。用老王的话说，虽然这只是整个产品中一个小小的配件，但作用可大着呢，一点点偏差就会影响整个产品的质量。老王工作很认真，用高标准要求自己去完成任务。

他现在已经开始带徒弟了。一开始，徒弟们总是心浮气躁。因为计件工资是做得越多工资越高，所以徒弟们认为小小的配件手工粗糙些没什么大问题，于是一味追求产品的数量。虽然做的多，但返工的也多。老王看着返工回来的产品，心中不免生气。

车间主任不但将徒弟们骂了一顿，连老王也一起训斥了。接下来的几天里，他们的时间都用在了返工上，这是没有工资的。此时，他们才意识到，自己有多么愚蠢。按照老王教的方法，徒弟们的做工越来越精细，到最后基本没有返工的。他们发现，用老王的方法，不仅做得好，而且做得快。

一流的企业不是动嘴说说就能做到的，要成为国际化的大企业，没有高标准的思维是不行的。时代在进步，科技的发展更是迅速。如果标准过低或是根本就没有标准，那么你的产品即便流入市场，也是朝夕产品，很快就会被淘汰。

要想使企业整体达到高标准，首先，要让员工有忧患意识，让其认识到用高标准要求自己与企业及自身所存在的利益密切相关。这样才能树立其创造一流产品的理念，精益求精。其次，要完成高质量，没有过硬的专业技能是无法做到的，因此，相应的培训少不了。特别是对一线员工，要加强培训力度，把重点放在对技能的培养上，使其作业水平在最初就符合高标准。最后，完善管理。要使每位员工始终保持一个高标准、严要求的工作状态，那么完善的管理制度就非常重要。管理者要担负起监督职责，使员工的工作更加规范。

制定高标准意在提高员工的执行力，如果没有严要求来做依托，那么是很难实现高标准的。不要把工作仅仅看成是一种谋生工具，而要将其看成是自己的事业，可以实现自身价值。以这样的思想在工作中严格要求自己，强化执行，便可在为企业做贡献的同时，使自身利益最大化。

创新思维

托马斯·彼得斯说："要么创新，要么死亡。"这是个变幻莫测的世界，产品更新换代的速度令人咋舌。以前企业制订计划可以预知十年、二十年后的发展，现如今呢？恐怕一年或是半年的未来都不敢轻易预测。

我们都知道，手机的更新换代是最快的，今天花5000元买一部手机，明天可能就会降到4000元甚至是3000元。而小米手机的价格则很少降，不会让人觉得买得不值，这为小米赢来了很多"粉丝"。小米空前的成功源于创新，在营销模式、商业模式等方面小米都做了大胆的尝试。

我们先来看看营销模式。小米首创了互联网手机销售模式，交易形成于电子商务平台，这样的销售模式省去了烦琐的中间环节，成本得到控制，其终端价格相比于同类产品就会低很多。这样的定价在同行中可谓是反其道而行之，初期可能不会赚钱，但后期一定会赚钱，且收获大量忠实消费者。

而且，在营销过程中，小米从不做广告，而是最大限度地使研发过程保持透明度，依靠口碑吸引消费者。小米开创了让发烧友参与开发的模式。新版本上市前会让发烧友先试用，通过收集反馈意见，开发团队会不断改进，直至用户满意。发烧友的队伍在不断地增加，其口碑效应也显示出了其优势，这种口碑营销为小米带来数以万计的用户。

再来看看小米的商业模式。大多数手机生产商的盈利主要靠硬件，他们只是单纯卖手机，却忽略了手机背后庞大的移动终端市场。而作为互联网公司，小米看到了这块空白市场，先下手为强。小米不只是卖出上百万部手机，还赚取了上千万的移动互联网用户。这样的商业模式下发展的用户更有价值，忠诚度也高。

小米一系列的创新举措，使其最初面世时就引起了业界的关注。试想一下，如果小米最初做手机时，按照其他厂商的思维模式走，可能早就淹没在庞大的手机市场里了。

一般人都有自己固有的思维模式，很少去想：是否还有其他解决办法？是否可以换个方向？成功者却能想到别人想不到的事并付诸行动。对于企业来讲，如果不能与时俱进，那就意味着被淘汰。因此，有创新思维的员工更得企业器重。

两家竞争公司各派一名销售员去某市开辟市场，他们的产品都未在市场上出现过。A 公司销售员看到这样的情景，心想：这些产品他们见都没见过，怎么可能会买？但这样回去又不好向上司交差，于是，他待了两天，询问了两家商场，对方均表示没有兴趣。他也就理所当然地回去向上司报告，说某市没有市场，还是放弃吧。

B 公司的销售员则想：这可是一个大市场，产品不愁没有销路。他觉得与其去商场，不如面对面与消费者交流。他选择了几个小区，先免费给住户试用，然后去商场。当然，商场也拒绝了他，但他留下了联系方式并留了一些产品在商场。再反过来，当住户想要购买产品时，他会让住户到指定的商场去购买。使用一段时间后，住户觉得产品好用，纷纷购买，商场里留下的产品根本不够卖。于是，商场紧急联系这位销售员，而销售员似乎料到了这种情况，早早让公司将货备好了。

同样的境遇，A 公司颗粒无收，B 公司则赚得盆满钵满。思维的改变，引导人的行动。你要敢于“尝鲜”，才有可能会取得成功。

不管是管理者还是员工，都要有意识地培养自己的创新意识，敢为人先。当然，创新意识如果没有创新能力相辅助，那也只是空谈，因此，要注重自身能力的培养，为创新做准备。大量事实向我们证明，那些成功者都不是最聪明、最勤奋、最有学问之人，而是思维敏捷，有一定创新意识的人，他们能发现别人发现不到的问题。人要善于利用自己的头脑，积极探索，坚持别人坚持不了的事，那么，你取得成功的概率就大些。

第五章

走出执行误区

有结果的执行才是有效执行

我们都知道，行动肯定有结果，而有结果的执行才是有效执行。与没有结果相比，一个差的结果也是好的。因此，要行动，行动才会有收获。

一位老者让他的两个弟子到山外采购食物。两个弟子告别老者向山外走去，走至出口处，发现前天山洪暴发，将这唯一的出口给封了。面对这样的情况，他们只得返回了。一个弟子垂头丧气直接进屋了；另一个弟子面色平静。老者问其缘由，他拿着采摘的蘑菇说："出山的路被封了，不能出去采购食物。前天下过雨，林子里长出了不少蘑菇，我就采了些。"后来，老者将一身的本领都传给了这个弟子。

某公司的经理从不鼓励员工加班。在他看来，加班无非是两种情况：要么是员工的工作量超标了，要么是员工能力不足。前者责任在公司，后者则是员工自己的责任。一个人倘若不是为学习或是提高自身业务水平而经常加班，那么是不正常的。经理觉得，公司要的是结果，而非加班。因能力不足，工作做不完而加班，就需要考虑此员工的去留问题了。

公司都倾向于执行型员工，所以，此时的领导原则就是对落后的员工不要投入过多的精力，那样只会降低团队的整体执行力。企业生存的根本在于利益。如果企业不为赚钱，那还谈何经营。因此，不要觉得淘汰那些落后的员工有愧疚，毕竟这是优胜劣汰的时代。

有些企业不停地对员工进行培训，可是，培训过后就不了了之，没有考核、没有应用到实处。还有些企业认为执行力就是让员工好好工作就行，于是不停地给员工灌输“要好好工作，不然……”于是，员工看似在好好工作，每个人办公桌上都堆着随时待处理的文件。领导一来，马上打开；领导一走，长呼一口气。这样的执行是无法出结果的。

两个门店的营业员，A 总是愁眉苦脸，当门店负责人问其要业绩时，他不是说客户太挑剔，就是说客户太难沟通。总之，他把每一次的拒绝都归咎到客户身上。因此，他的薪水总是停留在保底工资上。再来看看 B，他每天笑脸迎人，即便这一次被客户拒绝了，他也想着：成功就在下一次。他每个月都给自己定目标，每天完成一点点，月底总能超额完成任务。因此，同样是门店负责人，他的薪水要比 A 高出一倍还多。

作为员工，要永远记住：上司关心的只有绩效，承担起自己的责任，即便你只是一个最底层的工作者，只要朝着结果而去，你也会体现出自己的价值来。

还有一些人总是担心事情结果与预期相差太远，于是踌躇不前。想要一口吃成一个胖子是不可能的，我们都知道，如果没有相应的付出是无法实现预期目标的。

我的一个朋友想要开店，让我留心一下店面。一天刚好有家店面转让，我给他电话，他说再想想。这一想就是一个月。一个月后他给我打电话说："那家店面还在吗?"我说："早就有人接了，都快装修好了。"他说："唉，还是晚了一步，本想着等我准备好了再给你打电话……"我说"你要准备什么?"他说："也没什么，主要是害怕做赔本生意，怕结果与想象相差太远，一直犹豫要不要做。"

很多人都是如此，总想着有个完美的结果，导致执行无法进行下去。其实，换个角度想，问题就简单多了，执行无非是两种结果：一种是达到预期，皆大欢喜；一种是没有达到预期，可是你从中会学到很多，总结经验，可以避免以后出现类似的错误，为自己的成功奠定基础。可是，如果你不行动，那将一无所获。

一个有执行能力的人，都是"先做再说"。只要有结果，即便结果不太理想，也总比什么也没有强。缺少了行动，再好的目标也会失去意义。

苦劳、功劳不等于执行力

常听一些员工说："我们累死累活的，就算没有功劳，也有苦劳吧。到头来被骂得一文不值，真不甘心。"相信很多员工都有这样的经历，拼死拼活完成了工作，可是却被领导全部否决。在他们看来，自己努力了就行，完不成任务也不是自己的错。其实，大多数人不懂得执行的真正意义。执行就是要结果，如果你的结果无法令人满意，即便过程再出色，那一切也是没有意义的。要明白，苦劳、功劳不等于执行力。

试想一下，你经常说自己如何苦，如何努力，可是却拿不出结果，那只能说明两个问题：能力不行和态度不端正。常常会听到一些员工这样说："这件事我已经尽了最大的努力，每天加班到半夜……"看似这个员工的确很委屈，毕竟是真的在做这件事。可是，你有没有想过这样一个问题：一个经理，工作态度极好，每天第一个上班，最后一个下班，上班埋头苦干，下了班还经常熬夜加班，可是，业绩却迟迟提不上来。这样的经理，你认为合格吗？如果每位员工都是只讲苦劳、功劳，对任务完成得如何毫不关心，那企业还能长远发展吗？这个社会越来越功利，不要怪社会的残酷，如果你拿不出成绩，你曾经的付出有谁会记得？比尔·盖茨曾说：“这个世界不会在乎你的自尊，这个世界期望你先做出成绩，再去强调自己的感受。”微软完全是一个以成败论英雄的企业。员工的薪水完全掌握在自己手中，其职位的晋升完全取决于自己的成功。的确，在这个社会上不缺“忙人”，很多人就是拿着“忙”为自己的无能当挡箭牌。

经理让小安去买一件东西，小安先到一家商场，老板说：“货刚卖完。”小安又去第二家商场，老板说：“刚去进货，过几天才有货。”小安又跑了第三家商场，结果根本没有卖的。快下班时，小安去向经理汇报：“经理，我跑了三家商场，都没卖的，要不过几天我再去看看？”经理顿时生气了：“那你就不会想办法，不会再跑一家？不会上网先查一查？那么多种方法你不用，白白浪费一天……”小安顿觉委屈，但又不敢说什么。

企业里这样的员工不在少数，他们心存一种观念：领导让我去买东西，我辛苦去买，可没买到，并不是我的责任。

在谈苦劳、功劳之前，首先，要明白，企业是靠什么生存的。如果所有员工都满足于苦劳，总是以“我努力了，没达到预期效果我也没办法”这样的态度去做事，企业是无法前进的。试想一下，你的客户会因为你很辛苦，在没有提供优质产品及服务的前提下给你钱吗？如何才能让你的付出不白白浪费掉？做一件事，只要你执着地要一个结果，那么就肯定有多种方法。过程固然重要，但没有结果，一切过程都会归于零。

业绩永远胜于雄辩。什么样的员工才最得企业器重？首先，要能创造价值，否则你于企业而言就是“负资产”。企业会用一个只拿钱不办事的员工吗？其次，能为企业解决问题。企业在经营过程中会遇到各种各样的问题，而在危机面前能更快、更好解决问题的员工通常能得到企业的重视。

在这个讲究效率与结果的时代，只讲苦劳、功劳，应付工作，不仅消耗了资源，还会对发展造成不良影响。在很多企业存在“老黄牛”般的员工，工作任劳任怨，但就是不出成绩，每天墨守成规，重复做一些再简单不过的工作，这对于企业管理来讲是极为浪费的。很多人在工作时着重于“做了”，而自动忽略“做到”，忙来忙去也没忙出个好结果来。埋头苦干在现今社会行不通，如果没有高绩效，再忙也是徒劳。因此，在“忙”的基础上想办法“做到”，肯定会得到上司的重视，获得其认可。

第五章
走出执行误区

完成任务不等于结果

在执行过程中，很多人将完成任务与结果混为一谈。完成任务针对的是事情的过程，而结果针对的是价值与目的。常常会听到员工说："您说的我已经按要求做了。""这件事我已尽了最大努力。""该做的我都做了"……看似什么都做了，可是却没产生结果。

总经理为了表示对下属的关心，于是决定为每一位下属庆祝生日，任务由部门经理负责。一天后，部门经理将一张列有全体员工生日的表格交给了总经理，并说："这是您要的东西，我已经统计好了。"

我们来看一看，这是总经理想要的结果吗？不是。给不同级别的员工过生日有什么样的标准？预算与实施的具体方案是什么？是给每个员工单过生日还是给生日在一个月份的员工一起过？没有具体的结果，即便按上司的交代完成了任务，也是无效执行。

在工作中经常会遇到这样的员工，在接到任务时，只想着要怎样完成此项工作，却没有考虑过最终结果。在很多人看来，结果是公司该关心的事，自己只需做好本职工作就行。很多人只是知其然，却不知其所以然，考虑问题过于简单，没明白领导真正想要的结果，因此做工作总是做不到点子上。

领导要秘书通知经理级以上的人员十分钟后开会，秘书拿起电话一一通知。他自认为全都通知到了，任务也算完成了。到了开会时间，领导看到会议室里有两位部门经理没来，便问秘书原因。秘书还理直气壮地说：“我确定已经通知他们了，他们没来我也不知道原因。”

在秘书看来，这是很完美的解释。的确，他打电话通知了，可这是领导所关心的结果吗？不是。领导要求的是经理级以上的人员全部参加会议。没来的，原因何在？你只是完成了通知的任务，却没有达成领导要的结果。完成任务不等于结果，只有拿到结果，你的执行才有效。

有些员工上班就是抱着“做一天和尚撞一天钟”的态度，你所胜任的也只是“撞钟”的任务，这并非领导所要的结果。“撞钟”是任务，而用心去“撞”，产生该有的效果才是领导所想。如果你认为每天将自己该做的做完就算完成了任务，拿工资也拿得心安理得，结果如何不重要，那永远只能在原地打转，不会有更好的发展。

当你着重于“任务”时，得到的借口居多；当你着重于结果时，得到的就是方法居多。任何事情都有解决的办法，只是看你如何去做。学着对结果负责，那你的工作才会产生价值。

市场不管你需要完成多少任务，市场的关注点在于结果。对于企业来讲，结果意味着生存，对员工来讲亦是如此。学着以结果促进自身成长，只有摒弃以“任务”为导向的思维，才能为企业创造价值。

当你明白了企业的大结果，那么，就有意识地将自己的结果与大结果靠拢。以企业每年的发展计划为模板制订自己的工作计划，不要与企业发展方向相悖，否则，你做得越多，错得越多。有些员工在取得结果的过程中，总是想着处理“大事情”，生怕领导看不到自己的努力，对于一些“小事情”则漠不关心，进而影响最终的结果。要知道，大结果离不开小结果，而小结果是由众多“小事情”汇聚而成。最重要的是使自己始终保持工作热情，三分钟热度是很难处理好事情的，不仅不利于自身成长，对于企业的发展也毫无用处。

犹豫让执行一再拖延

在生活中，我们常常会看到这样的画面：你骑一辆自行车，迎面过来一辆自行车，两辆车越来越近，眼看就要撞在一起。你会下意识闪到一边，对面骑车的人会闪向另一边。可是，如果双方都犹豫不定，多次转换位置，那么，车子就会呈现左右摇摆的状态，后果就是两个人撞在一起。

其实，现实生活中，很多人都存在这样的心理。有些人做事总是前怕狼后怕虎，很难下定决心，马上行动。即便已经下了决定，还是会经常反悔，以至于到头来什么事也做不好。犹豫不决会让执行变得迟缓。

有这样一位员工，工作努力、勤劳、人缘佳，可是做事总是优柔寡断，无论面对什么事都犹豫不决，反反复复总是想：我到底该不该这么做？要不要这么做？做了之后会不会后悔？犹豫不决间，他也丧失了一些发展机会，几年下来还是一个小职员。

在企业里，这些做事犹豫的员工会很大程度地拖企业的后腿。

很多员工在面对领导的指令时，因为没有领悟到领导的真正的意图而对工作应付了事，对于执行的标准与要求也降低了。还有一些员工在工作时总是放不开手脚，想着等万事俱备了再采取行动。殊不知，那时黄花菜都凉了。

有一位员工，才能一流，做事认真，可是每逢遇到大事总是下意识地犹豫。他很早之前就发现公司在管理上存在很大的不足，总是在犹豫着要不要给上司说。每次看到上司他都想开口，却最终没有行动，主要是怕准备不充分，说明不了问题。于是，他想了一个办法。他利用几天时间，做了一份详细的改进计划。正当他准备将计划呈给上司时，公司临时通知开会。而开会的内容则是针对一位员工提出的一些公司在管理上存在的不足及改进措施。会议很快就开完了，问题虽然大，但其实很好解决，而及时向上司提出意见的员工也得到了嘉奖及上司的赞赏。反观这位员工，因为犹豫而错过了表现机会。

犹豫不决是大多数人的通病，它让我们变得拖延，失去良机。成功者与失败者最大的区别在于：成功者行事果断，失败者遇事犹豫不决。下面我们来分析一下让人犹豫不决的原因。

第一，对事情的认知不同。在行动与否上，成功者认为不行动很苦恼，在他们的潜意识里，果断行动是件快乐的事；失败者认为行动很苦恼，他们认为行动需要付出很大的代价，而自己不能承受这样的代价。前者寻求快乐，后者躲避痛苦。

第二，考虑问题的心态不同。面对一项任务，成功者会说：“这任务我喜欢去做。”失败者会说：“这任务我必须去做。”前者是自主去做，这是自己的选择，并很乐意接受；后者是被动接受，如果可以选择，他们也许不会去做。

有时候，成功需要不顾一切的拼劲，遇到困难不要将问题总停留在“我以什么方法走出困境”的犹豫上。在你多番考虑之际，机会已错失。做好决定就要立刻行动，即便结果不像你预期的那么好，也比没完没了的纠结更有收获。有意识地培养自己果敢的性格，那么你的效率会大大提高。

第五章
走出执行误区

不要被恐惧束缚住手脚

你是否会因为害怕别人发现自己的不足而担忧？是否害怕尽了最大的努力可还是做不好？是否害怕做错了会遭到他人的批评？其实，这种恐惧失败的心理也是很多人做事总是能拖就拖的原因。他们想用拖延来缓解自己的恐惧。很多人因为害怕失败而裹足不前，他们总是无限放大失败的后果，恐惧之下，做事便放不开手脚。

莉莉是一家大型企业的程序员，她有个不好的毛病，就是拖延。在学校时她时常为了写总结、应付考试而通宵熬夜。能进入这家企业，她也无比自豪，希望自己可以成为企业最优秀的程序员。不久，企业有一套程序需要莉莉编写。可是，拖延的毛病让她头疼不已。她想让程序完美无缺，可是众多的难题让她有些承受不住。她担心程序编写得不好，上司会批评她，这使她的工作陷入了僵局。程序上交的日期快到了，莉莉变得很恐慌，她还有很多地方没处理好，更别谈设计出出色的程序了。

莉莉想成为企业最优秀的程序员，可是，她却将大把时间花在了担忧与恐惧上，忽略了实实在在该去做的事。现实生活中，有很多像莉莉这样的人。他们有能力，可无谓的恐惧阻碍了前进的道路。

拿销售人员来讲，被拒绝是常有的事，可有人成功了，有人业绩平平，有人承受不了压力转行了……或成功或失败，其中原因有很多。作为销售人员，首先要克服恐惧心理，敢于站在客户面前，将你的方案或是产品提交给客户。可大多数人都无法做到，因为恐惧，不是到了万不得已的情况下，他们不会的迈出那一步。即便那一步迈出去了，也会因为在交流过程中过于紧张而丧失了信心。相信很多人都知道，在恐惧状况下，人就会语无伦次。以这样的心态去给客户介绍，肯定会出错，在回答客户的问题时，也会变得不自信、不清晰。当客户稍表现出一点不耐烦，恐惧就会加深，进而形成恶性循环，想来肯定是以失败告终。

一名合格的员工，不能被恐惧束缚了手脚。首先要找到令你恐惧的原因，然后对症下药，突破恐惧，才能放开手脚，走向成功。下面我们来看看在工作中如何克服恐惧。

第一，提升技能。当做某件事时因能力不足而进度缓慢时，自信心也会受到打击，进而产生恐惧心理。工作的自信来自于处理事情的能力，当能力不足时，就要想办法为自己的能力充电。当你的业务技能足够熟练时，你就不会因害怕工作完不成而拖延了。

第二，学会自我肯定。获得外界的肯定往往会让我们自信大增，进而转化为自我肯定。当得不到认可时，我们就会觉得被拒绝，无法承受。尤其是工作后，当努力得不到认可时，就会忐忑不安。其实，换个角度想，情况并没有那么糟。很多事情是无法预计的，遇到问题积极面对，肯定自我，才不至于迷失自我。

第三，分析情况并勇于面对现实。每个人处理问题的方式都不同，有时候一些员工在看到面无表情的上司时，就会表现得紧张、不知所措，进而导致工作频频出错。其实，面无表情只是一个人性格的外在表现，并非针对你一个人，不需要因此而气馁。就算是因工作出错受到批评，也要勇于接受，而非畏首畏尾，不敢前进。

第四，自我激励。自信与恐惧是克星。当你自信时，恐惧就会自动消失；当你没有自信时，恐惧就会出来作怪。事实证明，很多人在担心某件事时，其实这件事发生的概率是很低的，并没有想象中那么严重。很多时候，我们都是自己吓自己。遇事要有必胜的信念，告诉自己，这件事我一定能做到、做好。

在工作中，你越是害怕，做事小心翼翼，就越容易出错。狭路相逢勇者胜，一个人的胆量是成功的必然条件，瞻前顾后、胆小怕事的做事风格会让你失去很多机会，尤其是在职场，只有果敢，放得开，才更容易接近成功。

不要让“完美”影响执行力

我们接受的教育大都是，做事情要尽善尽美。很多人把完美看成一种美德，但完美之于工作，却并非如此。

追求完美者在面对他人的批评时总比一般人要敏感、警惕，也更加脆弱。一旦结果与之前想象有出入，他们就会发怒，心生不满，一而再，再而三地否定自己的决策，到最后什么也做不好。

我有一位朋友，凡事追求完美，家里的犄角旮旯儿都被她收拾得异常干净，衣服必须折得整整齐齐。有一次，早起准备去上班，发现衣袖边角不知何时蹭了拇指般大小的印迹，已换鞋的她又将鞋脱掉，转头去衣柜找衣服，结果上班迟到了。还有一次朋友造访，她准备做西餐招待，其中一道菜需要用到番茄酱，可家里没有了。她准备去买，可朋友马上就到了，此时再去买时间就会紧张。她的老公说没有也不要紧，那只是配料，用其他代替也行，就算不吃也没多大关系。在老公的劝说下，她最终没去买，可始终觉得没了番茄酱，这道菜就失了水准，心里放不下。最后不是牛排煎老了，就是点心烤煳了，总之是一次很让人失望的晚餐。

在工作中，要学会放弃一些理想化的东西，让自己马上行动起来。当你有了速度，便争取了赢的时间。很多人的苦恼都来自于一种思维：我做不到尽善尽美，别人就会讨厌我；我担心因为自己做得不够好而让身边的人失望……这样的思维让人总是在不断重复同一件事，直到机会错过。

执行离不开决策。决策体现的是能力与思维水平，在制订方案时，往往更容易陷入“完美”怪圈。其主要表现在：不停地有意见加入。比如，一家公司在会议上讨论明年的一个展销会。先是一个领导发言：我觉得……原因在于……接着另一位领导发言：这一观点我完全同意，不过我补充几点……这样就更完美了。再接下来，一个领导一个思路。到最后，执行者却无所适从。最重要的是，这种追求完美的决策模式会贻误先机。任何计划的制订都有一定的时效性，如果在决策过程中没有考虑时间问题，一味追求完美，错过了最佳实施时间，那计划再完美，也是一纸空文。通常来讲，方案越周密，其涉及环节越复杂，实施起来越烦琐。由于灵活性较差，执行起来会困难重重。

一些管理者在制订方案时总会忽略其目的与效果，只是想着如何让方案看着更完美。通常越是完美的方案，在执行过程中出现不周全的情况越多。在“完美”意识的引导下，方案总是在不停地变化，大大降低了执行效果。还有一些领导，对于结果总是不满意，表面上似乎是一种精益求精的工作态度，实则让员工失去了工作热情。

无论是管理者还是员工都要有一定的缺陷意识，追求完美会让人将注意力聚焦在困难上，不断将困难放大，以至于畏缩不前。

走出“完美”，做每一件事都给自己设定一个截止时间，但不能是可以随时推后的时间。比如接到任务后，你就不能说：“这件事我下个月什么时候完成都可以。”否则，你就有可能会将这件事推迟一个月完成。你应该时刻告诫自己：“这件事下个月15号如果完不成，老板会对我很失望的，估计工作也会丢了。”

人是在不断进步中成长的，没有谁能一下子将问题考虑周全。因此，接纳自己的不完美，不要让完美影响了你执行的脚步。

第六章

管好时间，才能高效执行

时间为何总不够用

有很多人被这些问题困扰着：同时有多项工作要做，但没办法全部完成；每天下班回到家都感觉很疲惫，却觉得一天没做什么事；总空不出时间去旅行、运动……很多人都是如此，每次都想按照预定的时间去工作，可是总是不能准时开始、完成。在这种恶性循环下，工作也总是无法如期完成。有时还经常说："今天完不成没关系，明天完成也是一样的。"经常将事情拖至最后，进而使自己在时间上失去了主动权，一点变通的弹性也没有。

某公司部门经理看着堆积如山的文件甚是头疼。他每天加班，努力工作，可还是得不到上司的认同，导致工作效率也越来越低。他也十分纳闷：问题到底出在哪儿了？很多时候，人们对于时间都没有一个正确的认识，总认为时间还多，不急于一时，于是一拖再拖，执行效率也大打折扣。其实，工作效率低下，正是因为我们给了这项工作太多时间。我们还来说说这位部门经理，他为何工作效率低下？他会花一上午的时间整理一份简单的文件，如一小时查资料，一小时整理资料，半小时喝茶，半小时打印文件，半小时考虑是否还有不足……时间一点一点地过去，通常半小时就可以完成的工作，他用了一个上午，而且依然犹豫不决，苦恼万分。

一件事情重要与否，是否复杂，与完成这件事所花费的时间是成正比的。也就是说，时间越多，人反而越容易变得懒散。没有了动力，工作效率自然变低。很多人都觉得时间不够用，每天忙得不可开交，可真正有意义的事却没有完成。

老王是人力资源部经理，工作认真，可是效率却不高。他自己也意识到了这个问题，每天都忙，但又觉得忙的不是地方。拿他一天上班的情况来看，大体是这样的：

8：30 上班，被上司叫到办公室，谈论关于人力资源规划问题，所用一小时。

9：30 准备工作，电话响起，同事询问关于薪金改革的问题，聊了半小时。

10：00 给下属分配任务，中间时有员工进来请示工作安排，又是一小时。

11：00 处理文件，直到 12：00，还有大半文件没有看。

午饭过后，喝茶、聊天、看报纸，想起早上上司交代的人力资源规划报告还没写，于是赶紧坐在办公桌前开始写。

14：00 策划部经理过来商讨招聘策划人员事宜。本是招聘主管的工作，但老王不太放心，于是揽了下来，从招聘计划到实施，一路商讨下来，占用时间两小时。

16：00 准备着手写人力资源规划报告，又有下属进来反映情况，交代了工作又闲聊了一会儿。

16：30 开会，有人反映部门之间不团结，严重影响工作。可是，会议并没有起到预期效果。会议一直持续到下班。

回到办公室看着还没来得及看的文件及未写完的报告，老王叹息一声：时间过得真快，每天的时间都不够用。接着收拾东西准备回家加班。

老王为何会觉得时间不够用？我们试着分析一下原因：（1）上司的不定期商讨使时间的随意性增大，且占用时间较长。（2）同事电话询问薪金改革本不在自己职责范围之内。（3）下属事事请示占用工作时间。（4）事必躬亲，对下属不放心，大量时间都在处理不属于自己的工作。（5）工作缺少目标与顺序，主动性差。（6）分不清主次，对于随机且不重要的事不懂得说“不”。（7）总挑自己熟悉的事做，拖延棘手问题，然后用加班来解决。

社会上像老王这样的人有很多，他们有稳定的生活与工作，但缺乏目标，没有特别的成绩。反观那些成功者，他们从未更改过自己的人生目标，并坚持不懈去完成它，最终成为行业翘楚、社会精英。这些人都是懂得如何运用时间的人，不会将时间浪费在毫无意义的事情上。很多人总是不能集中精力去工作，很大程度上是因为自己给自己的干扰太多。比如，你要想阅读，那么，面前就只放一本书即可，不要一边阅读，一边接电话，又要分心去想工作。合理地运用时间，什么时间该做什么事，立刻去做，工作效率会大大提高。

时间管理“象限法”

时间对于每个人来讲都是宝贵的。一天24小时，除去吃饭、睡觉的时间，实际有效的就十几小时。如何利用好这些时间，对于每个人来说都是非常重要的。

小李是部门经理，销售业绩很好，日常工作的执行力也强于其他员工。于是，他被提拔为分公司总经理。一年后，让领导觉得意外的是，分公司的业绩与预期相差甚远。领导进行了深入调查与分析，结果发现，小李有个不好的习惯，就是做事不分轻重缓急，时常将最重要的事放到一天快结束时才去做。累不说，面对工作也是心有余而力不足。

当你的时间管理出现了问题，一切都会变得毫无头绪，做事情也不知道从何入手，最后弄得自己焦头烂额。

管理学家科维曾提出一个关于时间管理的理论，即时间管理“象限法”。就是说，将工作进行划分，即分为重要工作和紧急工作。时间管理通常可以分为四个“象限”，下面我们来一一进行说明。

第一象限，重要又紧急。这里主要是指遇上了难缠的重要客户、在限定时间内要完成的工作等。完成这些工作需要丰富的经验及判断力。很多时候，那些紧急的事都是拖延或准备不充分而造成的。本处于第二象限“重要不紧急”的事，因为执行人缺乏有效的工作计划，而使问题变得迫在眉睫。很多人都有处理这类事的经验，这类事情也往往伴随着极大的压力，但又不得不去处理。

第二象限，重要不紧急。这类事情主要针对长期规划、问题的预防、培训等。轻视第二象限就会使第一象限成倍扩大，所面临的压力也随之增大。如果多投入一些时间在这一象限，就可以使实践能力得到提升。而且，事先做好规划及预防措施，就不会让你疲于应付那些突然降临的急事了。第二象限的事虽不急迫，但也要主动去做，这是体现领导力的重要时刻。要想成为高效优秀的管理者，那就要投入 80% 的精力在第二象限上，这样急事就会减少，而“忙”也会变得有意义。

第三象限，紧急不重要。这类主要是指会议、朋友电话等。从表面上看，你很容易将其与第一象限弄混，产生“这事很重要”的错觉。其实，这只不过是针对他人而言，将大部分时间与精力转移到这里，也不过是满足了他人的期望而已。比如说，有下属急急忙忙跑过来说，自己工作上遇到难题。看似紧急，但于你而言并不重要，可是又不得不处理，否则会有不良影响产生。

第四象限，不紧急不重要。这里主要指看没营养的电视剧、工作时间聊天、无谓的争吵等。做这些事可以说是在浪费生命，不是有这样一句话吗？浪费时间就等于慢性自杀。在这个象限上浪费时间是最不值得的。可是，很多人因为在第一象限及第三象限之间忙得身心俱疲，所以，在第四象限上寻求“放松”。但这些休闲活动毫无意义，不但对你今后发展没任何帮助，还会使你烦恼增多。比如有些人为排解空虚，谁叫都出去，不在乎玩什么，到头来越玩越空虚；有些人则不懂得说“不”，谁让帮忙都答应，忙来忙去自己一无所获。当你的空余时间被这些事所占据，那么，你的人生将是失败的。

在四个“象限”中，最需要做出努力的就是第二象限，其最主要的目的在于使事情越来越少，剩下的都是有意义且从容不迫的事。只有将第二象限的事情做好了，你的状态才会进入良性循环。相反，你就会心力交瘁，什么事也做不好。

激活日常碎片时间

你会将提前完成某项工作后剩下的时间用来做什么？那些未被你计划在内的时间你都在做什么？这些时间大都没有规律，比较零散，因此被称为碎片时间。

或许有人对碎片时间不屑一顾，想着一分钟能干什么呢！一分钟能看十几个英文单词，一分钟能处理一份文件，一分钟能给下属安排一项任务……由此看来，一分钟也是很宝贵的。碎片时间短而散，很容易被忽略，久而久之，你就感觉时间不够用了。其实，时间也是可以零存整取的。

激活日常碎片时间，将时间的边角余料也利用起来，习惯成自然，你会有意想不到的收获。一位员工曾问过一位经理人：你每天要处理那么多文件，安排那么多工作，还空出时间出书，听说下班还去健身，你还常玩微信……我们这些员工做的工作连你的一半都不到，可还是觉得时间不够用，你是哪儿来那么多时间去做这些事的？而且，我觉得你做的这些都需要大块时间去完成，难道你经常熬夜工作？

这是很多身处职场的人的苦恼：对于生活与工作都要兼顾，因此，时间变得越来越零碎，想要做一件“大事”都无法抽出时间来。一些人总是抱怨新型的媒体工具，如微信。他们本意是打发碎片时间，可是，慢慢地就将一天中大部分的时间用来刷屏，想要静心去处理一件事都成了奢望。

如何走出这样的模式？不是说恢复专注做事的能力就可以解决的，尤其是职场，根本不可能存在大块时间让你去工作。常常听人说，计划赶不上变化。的确如此，现代职场的快节奏让我们的工作时间越来越趋于碎片化。即便没有微博、微信，还是会被电话、会议等各种因素将工作时间打成碎片。所以说，问题的关键在于，激活日常碎片化时间去完成工作。

很多人会有这样错误的认知：重要的工作需要大块时间才能完成。比如说制订方案，写工作总结等。这些他们都会认为需要一上午或是一天的时间才能完成，甚至更长的时间。事实真的如此吗？我们可以进一步分析一下。

拿制订方案来讲，通常会出现两种情况：第一种，给你一个安静的环境，思路不停，短时间内就可以完成。第二种，写了开头却无法再继续下去，不得已便想着换个时间再写。第一种结果在于本身对这一问题有了深入的了解，思路清晰，一个相对安静的时间段就可以快速完成；第二种结果在于事前没有准备，缺乏经验，即便给你再多的时间也是徒劳。

有些工作确实需要大块时间去完成，但前提是准备充分，否则并不会产生多大的效率。

我们都知道写作需要大块的时间，而且需要灵感。R 来美格森已经两年了，被美格森的执行文化影响，做任何事都有条理。拿写年终报告来讲，他不会等到最后一天才开始写，而是提前开始收集资料。他会利用一切可以利用的碎片时间去构思，即带着问题翻阅资料、灵感突现时写下随笔……积累到一定程度就会空出一小段时间整理一个提纲，接着继续收集素材。辅助材料越攒越多，写报告的欲望就越强烈。然后抽一块时间段静心写报告，两小时写6000字也不成问题，且质量上乘。

在工作中，你可以看看哪些工作需要大块时间去完成，哪些工作可以分解成碎片时间去完成。运用碎片化的时间去完成大块工作，这是一种时间管理的能力，掌握了这种能力，你的生活就会相对轻松很多。

那么，如何激活日常碎片时间呢？重点在于给自己的每一种碎片化时间寻找多元化的用途。比如说，你五分钟可以做什么？十分钟可以做什么？我们可以结合日常生活情境做一张表格，将碎片化的时间用途列出来。那么，当你有几分钟空余时间时，就会马上想到这段时间可以用来做什么小工作。比如在两个大块时间之间，你可以收纳换季的衣服。利用起碎片时间，可供你自由支配的时间就会越来越多。通过自由组合这些碎片时间，你完成的工作也就越来越多。

简言之，与其对大块时间才有可能专注完成一项工作的习惯形成依赖，不如训练自己激活日常碎片时间的能力。当你可以利用好碎片时间时，就可以最大限度地节约你的大块时间，而且，大块时间的利用效率也会大大提高。

工作中给自己一个最后期限

无论是在生活中，还是在工作中，很多人或多或少存在这样的心理：面对那些不需要立刻完成的工作，都会习惯性地在最后期限来临时才想起来去努力工作。他们总觉得时间还多，于是能拖便拖，到了规定时间基本也能完成工作。

很多人认为没有压力就没有动力，的确，适当给予自己压力，可以更好地完成工作，但不包括拖延状态下的压力。在重压之下，人的表现不会更好，只会越来越差。很多人对压力之下产生的成果都不会太满意，觉得未将自己真正的水平发挥出来。

小汪此次作为市场营销主管单独负责一项促销活动，公司给的期限是七天。前六天小汪总是心不在焉，工作拖拖拉拉。到了第七天，最后期限将至，小汪着急了，联系商场、备货、聘促销员……一系列的事情直到最后几分钟才搞定，悬着的心放下了，但总感觉很多地方没做好。

没有人会喜欢痛苦，即便是工作，也是为了寻求快乐。拖延不是个好习惯，面对这样的自己你可以问：过了最后期限，将得到怎样的处罚？后果自己是否可以承担？试想一下，一个任务需要一个月的时间完成，前 20 天你都拖延过去了，你用 10 天的时间完成了原本一个月需要完成的工作，除了熬夜加班也就剩下敷衍应付了。如果情况有变，你突然接到新任务该如何？

有人曾做过这样一个实验：有三组人，每组需在 12 周内完成三项任务。第一组，完成期限分别为第 4 周、第 8 周、第 12 周；第二组，没有指定最后期限，在实验结束时完成即可；第三组，自己设定最后期限。

实验证明，将最后期限设定时间分布均匀的人，其中包括第一组，还有第三组中自己分开设定最后期限的人往往任务完成得很好。那些未自己分开设定最后期限的人及没有指定任何最后期限的人，表现得差强人意。

无论面对生活还是工作，人或多或少都存在拖延的毛病。比如说，衣服脏了，觉得太累，过几天再洗吧；资料不急，明天整理也没事……我们都知道明天还有时间，因此，很多事情都是今天拖明天，明天拖后天……要克服这恼人的拖延，最好的办法就是给自己一个最后期限。拖延比较严重的，可以从小事做起，比如整理房间等，做到今日事今日毕。慢慢地，开始设定长期目标，比如五天完成一篇调查报告；一周之内完成搬家工作……久而久之，就会养成按时完成工作的习惯了。

工作没有最后期限对一个人的影响是很大的。我们无意识的拖延，加之随时会出现的突发状况，还有一些强加的工作，都会占用很多时间。不懂得规划，一天将一事无成，一生将毫无所获。

很多人制订了可行性方案，可总是无法达到预期的效果，很大一部分原因在于没有给方案设定一个最后期限。你的目标再大，想法再好，没有最后期限做约束，一切都是空谈。当你设定了目标，就要将相对应的步骤及最后期限也设定好，迫使自己在最后期限内完成任务，这样你取得成功的概率才会更大。

很多人会有这样的苦恼：最后期限到了，可任务还是完不成。其实，如果你完不成任务的原因不是无谓的拖延或是偷懒，只因你对自身能力或事情的难易程度估计错误，那么，你可以视情况而定，调整最后期限。不过，这并不是说你可以无限期拖延。没有底线的拖延，只会让事情越来越棘手。工作中给自己设定一个完成的最后期限，可以使工作有条不紊地进行，这样才能更加高效地完成工作。

科学合理地分配时间

时间对于每个人来讲都异常珍贵。有这样一句话：才华与时间是一个人最大的财富。才华的增多代表着时间的减少，而我们则是用每一天的时间去换取才华。时间一天天地消耗，如果你的才华没得到提升，那么你就是虚度了光阴。因此，我们需要科学合理地分配自己的时间，有效率地使用自己的时间。那么如何才能将自己的时间有效利用起来呢?

第一，行动与目标一致。事情所达到的结果与兴趣有着很大的关系。也就是说，如果你对一件事不感兴趣，那么，可能会花掉十分的时间只得到五分的结果。相反，如果是你感兴趣的事情，那么，你可能会花掉十分的时间，获得二十分的效果。因此，做自己真正感兴趣且与人生目标一致的事情，可能会事半功倍。

第二，知道时间都花在哪儿了。利用一周的时间记录下自己每天所做的事情，做一个分类与统计。要想进步，首先要对现状有个充分的了解。一周结束后，看一看自己的时间可以如何安排才更有效率，有没有什么方法使效率增加。一天，我接到一位朋友的电话："一晃一个月过去了，我怎么好像什么事也没做啊。"生活中这样的人很多，有些甚至今天忘了昨天的事。这样浑浑噩噩的，不知道自己的时间都去哪儿了，成功怎会光顾你？还有一些员工，早上卡着点上班，开了电脑就开始一直忙“自己的事”，如泡杯茶，摆弄一下桌上的小盆栽，上个洗手间，整理一下妆容，和同事聊两句……这样下来，一个多小时的上班时间就“混”过去。这样的员工的确是在混日子，即便是工作，效率也不会太高。

第三，运用二八原则。投入20%就可以获得80%的回报率，这就是高效利用时间所获得的。反之，投入80%却只得到20%回报率。人的头脑在最清楚的时候，应该将精力投入到最需要专心的事情上。因此，把一天中最高效的20%的时间用在最困难、最重要的事情上，可以避免将时间浪费在琐碎且无用的事情上。

第四，分清事情的轻重缓急。有个人曾做了一个实验：一个玻璃缸，一堆大小不一的石头，一堆沙。他先将小石头与沙装进玻璃缸里，最后石头放不下去了。他将小石头与沙倒出来，然后，先放大石头，其他的小石头与沙子隔着缝隙慢慢渗了进去。从另一个层面看，这也说明了时间管理的重要性。如果你将事情的顺序弄颠倒了，那么，你就会被一大堆琐碎的事情所牵绊，无法去完成重要的事。每天我们都有做不完的事，最重要的就是要分清楚事情的轻重缓急，先将最重要的事做好，才能避免为急事而苦恼。

第五，平衡好工作与休闲时间。不要因为工作而忽视了有意义的休闲活动，有时花上十分钟散步，工作的效率反而会得到提升。

时间分配科学合理的人一定是忙碌的，当然不是瞎忙，而是有效率地忙。一个人24小时做了什么事决定他是否能成功。分配好自己的时间，让你的时间每一分每一秒都具有一定的生产力，那么，便可在最短的时间内完成目标。

第七章

把握技巧，将执行进行到底

明确目标，高效执行

有目标就有方向。当组织目标确定后，将其有效分解成各部门及个人的分目标，管理者对执行者的考核与奖罚视分目标的完成情况而定。

在企业管理中，目标管理被广泛应用，这是一种较为科学的管理方法，可以加强计划管理。作为管理者，要随时了解目标实施的情况，发现问题及时解决。

目标管理最主要的特点在于员工可以参与其中。我们都知道，在企业里没有谁可以孤立存在，即便是上下级之间。任何目标如果脱离了员工就很难高效完成，因此，目标的制定需管理者与员工共同商议。当目标设定、责任到人后，责任人在完成目标过程中要不断修正自己的行为，使目标达到预期效果。这是个强调自我评价的管理方法，通过不断地自检自查，提高工作效率。目标管理需遵循以下原则：

第一，目标要明确。明确的目标可以让内心的力量找到努力的方向，更接近成功。《爱丽丝梦游仙境》中曾有这样一段对话。爱丽丝说："请你告诉我，我该走哪条路?"猫说："那要看你想去哪里?"爱丽丝说："去哪儿无所谓。"猫说："那么走哪条路也就无所谓了。"从这个故事中我们可以明白一个道理：一个人如果没有明确的目标，自己都不知道该怎么做，他人也无从帮起。如果你的目标不清晰，那么，他人说的再好也无法让你真正接受，更无法转化为自己的有效行动。因此，人首先要确定自己的目标。

第二，目标一定是能看得见的。目标并非制定得越高就越好。一些管理者认为，把目标定得高一些，即使下属只完成目标的八成，那也是不错的。其实，这样的做法给员工施加了太大的压力，反而适得其反。试想一下，一个员工的最大能力是一个月十万元的营业额，可是，你给他定的是五十万元。这一数字不仅会打消员工的积极性，说不定连十万元都达不到了。因此，在制定目标时，一定要考虑员工的最大承受力，使其稍微跳一跳就能达到目标，这对员工的吸引力会大大增加，员工才会全力以赴完成工作。

第三，目标与计划一致。有些人以为制定好目标就可以高枕无忧了，其实，计划更为重要。目标只是一个方向，而计划则是通往它的道路。不管目标多伟大，如果计划制订得一塌糊涂，那么将一事无成。

一位下属接到上司交代的任务，对着电脑发呆。我问："怎么不赶紧工作?我听上司说让你下个月完成呢。"那位员工说："我不知道从何入手，经理只说让我下个月交任务，我估计他都不知道具体让我做什么。"很多公司都会出现这种情况，上司交代不清楚，没有目标管理行为，致使下属对工作也是云里雾里。即便下个月交了任务，估计结果也不会令人满意。

第四，大目标分解成小目标。制定一个最终目标，然后将其分解成多个小目标。比如说你要完成一本书，需要有明确的绩效目标，在一天内完成多少量。最终目标是引领方向的宏大目标，绩效目标则是一个具体的目标，有一定的衡量标准。进一步分解目标所起到的激励作用更加明显。当一个小目标实现后，我们所得到的正面激励会使我们的信心增加，有利于最终目标的完成。

计划先行，才能有效执行

要想取得成功，制订计划必不可少。管理者的工作计划如一盏明灯，指引员工向正确的方向前行。员工在日常工作中给事情的轻重缓急贴个标签，可以使自己的工作时间得到充分利用。

好的计划是如何产生的呢？首先，计划是需要收集信息来做基础的；其次，就是分析信息，加以利用。计划就是在不断地重组、联想中创造出来的，最重要的是出奇制胜。计划先行，然后围绕着一个既定的目标实施行动。

在工作中，相信很多人都制订过工作计划，无论是管理者还是普通员工。很多人明明制订了计划，但执行起来还是问题重重，主要原因在于：第一，计划没有突出重点；第二，周计划与月计划完全没有关系，而月计划又与年计划完全没关系；第三，过于贪心，计划排得满满的，可是时间却没有那么多。如何制订计划是值得思考的问题，比如计划利用什么资源？突发状况，采取何行动？如何应对？

高层管理者的工作计划着重点在战略性及方向性，主要是长期计划，内容包括企业的愿景、政策、目标等。

基层管理者的工作计划着重点在可行性及具体性，主要是短期计划，内容包括日计划、成本控制等。

中层管理者的工作计划着重点在两者之间，因此，其计划除了方向性，也需有可行性。一般是年度计划，包括行动、预算、部门计划等。

员工的工作计划着重在自己的时间管理上。

没有计划，工作进度就会变得异常缓慢，没有效率可言。彼得·德鲁克说："计划是管理的首要职能。"在制订计划时，首先，要给计划分类。从时间上来看，可以有长期计划、短期计划、年度计划、季度计划、月度计划等。其次，在制订计划时要抓住关键因素，如工作的内容、方法、分工、进度等。要明白，计划并不仅仅是一种形式，而是具有指导及督促意义的可操作性工作，其内容比形式要重要得多。比如说月工作计划，其着重点在于上个月工作中遗留下的问题及本月的解决方案；将本月的任务进行分解，具体到每一周、每一天。当出现未完成任务时，要施行相应的补救措施。

有些领导者在制订计划时，虽从大局出发，计划看似很完善，可是却脱离了员工。比如说，A 公司领导想在一年之内提高 40% 的业务量，于是，他一个人埋头着手制订计划，一没有结合员工的实际工作，二没有对市场进行细致的分析。计划制订好了，可下属却不知从何下手。原来，这位领导只是做了一个笼统的工作计划，只说在什么时间内完成多少业务量。可是，对于负责人、指导意见、督促措施、相应的应急预案等方面都没有进行说明，其可操作性为零。而且，他的计划没有条理性，员工根本不知道先做什么后做什么。

在制订计划时，常常会出现以下几个误区：计划脱离实际；认为计划都是长期性的，短期工作无须计划；计划不需要进行分析、预测，只需要安排事宜即可；偏重安排时间，却没有时间进度表；计划是一个人的事，无须与人沟通。

一份好的计划首先目标要明确，内容要完整，否则会出现执行脱节的情况；其次，计划要有一定的弹性，以应对突如其来的新问题；最后，计划要列出工作的先后顺序，使执行者分清事情的轻重缓急。

计划要对行动有一定的界定，需要做与希望做要分清楚，最重要的是定期对工作进度进行检查，而且要有相应的监督制度，避免出现检查了就好好工作，检查过后就放松工作的情况。

总结过去，执行未来

当工作告一段落或是进行到一定阶段时，就需要我们回过头来对之前所做的工作进行分析研究。一来是对工作的肯定；二来可以找出问题，总结经验；三来可以使目标更明确，对于下一步工作起到指导作用。这就是工作总结。

可是，有些人却不将工作总结当一回事，甚至将总结看成额外的负担。只是到了年底，企业要求写，就随便找些资料凑数。其实，总结过去对于我们及时找出工作中的不足非常有利，而且可以培养一个人的思考习惯，使头脑更清醒，使下一步的工作方向更加明确，少走一些弯路，工作也更加有效率。

到了年终，同事聚到一起讨论去哪儿玩、怎么过。大家讨论得热火朝天。小秋则打开电脑，思考着什么。

“小秋，干什么呢？”一位同事问小秋。

“这不一年过去了，我写个总结，看过去一年自己有什么进步。”小秋边敲键盘边说。

“写那做什么，你这纯属浪费时间。”同事不以为然地说。

小秋有写工作总结的习惯，而他也能在总结过去的过程中学到不少知识。他觉得过去的经验很宝贵，对于自己的未来很有帮助，总结过去确实给他的工作带来了很多便利。

一次，公司接了一笔大单，几位同事熬夜赶计划。每个人都有每个人的工作，当天会对工作做一个汇总。这天，部门经理看着下属当天的工作汇总，脸沉了下来。

“这是谁负责的？重复了多少次的内容，怎么还出错？”经理拿着一份文件说。

一位下属面露难色，说：“是我，不过我没遇到过这样的问题，所以……”

“没遇到过？你是在考验我的记忆力吗？去年接的那单生意就出现过这样的问题。”经理没等下属解释完就生气地打断了。

下属有些不服气地说：“去年我负责的不是这一块，所以不太清楚。”

“就算你没负责那一块，那你也参与了整个过程，怎么会一无所知？小秋和你一样，今年负责的和去年负责的也不一样，他怎么没犯同样的错误？你们都应该向小秋学习，时常总结过去的经验，才不至于在同一个问题上栽两次。”经理说。

在公司里，有多少人像小秋一样，一项工作或是一段时期后会写工作总结？又有谁像那位下属一样，得过且过，对自己曾接触过的事情茫然不知？

有效的工作总结，不仅是自身实践活动的回顾过程，同时也是提高自身思想认识的过程。在总结过程中，我们可以将那些零散、肤浅的认识化为系统、深刻的认识，让自己变得更加理性。工作总结并不是业绩汇报，它应具有实用价值，所以，要避免出现添油加醋的情况，只需将客观事实讲出来即可。下面我们来看一下如何写才能让工作总结更加有效。

有效的工作总结需符合以下几个要求：

第一，从客观的角度分析问题，用简练、准确的话概括事实，得出结论。这需要充分了解材料，可以通过不同的形式去获取，尽量多听取他人的意见，全面了解情况，并从中提炼有价值的信息。

第二，认真分析，找出自身存在的缺点。表现在哪里，如何产生的，都需一一说明。当然，优点也是一样的。一定要实事求是，切不可弄虚作假，不然不但得不到经验教训，反而将时间白白浪费掉，甚至会混淆视听。

第三，总结要有条理性。条理不清很难发现问题，没有重点，日后再翻看根本不知所云，那就失去了总结的意义。工作总结要涉及某件事的方方面面，分清主次，将工作中取得的主要经验或是发现的问题表述出来即可。

第四，有繁有简。重点问题需要详细说明，尤其是重大错误，对于前因后果一定要分析透彻，找出规律，从中总结经验。

第五，总结要有一定的特色。有些管理者在写总结时会给人一种似曾相识的感觉。的确，有些人为了应付检查，多是将往年总结的数据换一下，内容稍加改动，就成了一个新的工作总结。这样的工作总结没有任何实用价值。不管是企业还是个人，在开展工作时，都会具有一定的特色，不要总停留在一般化的程式上。

有效的工作总结对今后的工作具有指导意义，所以，不可掉以轻心。现在越来越多的企业领导懂得授权，而且，就算是直线领导也未必能完全了解每一位下属的情况，所以，不要将希望完全寄托于领导。此时，通过总结来与领导进行沟通或许会达到更好的效果。你的总结如果够智慧、够自信，那么，上司一定会对你刮目相看。

隐藏自我利益

很多人将工作仅仅看成赚钱的途径，有些甚至为了自己的利益不择手段。工作的最终目的并不是换取金钱，而是从工作中获得成就感与满足感，这些都是金钱无法做到的。

如果你够细心，就会发现，身边很少有人对自己的工作完全满意的，他们总是觉得自己的付出没有得到应有的回报。过于在乎自我利益的人往往很难成功，工作缺乏激情，时刻准备着跳槽，将现有的工作当跳板，眼睛望着薪水更高的公司。可是，事实证明，很少有人越跳越高。卡耐基曾说："总有人抱怨公司支付他的薪水不够高，但是他从来没有想过，支付他工资的并不是公司，而是他自己的业务能力与工作表现。"你的薪水是与业绩挂钩的，你觉得薪水不满意，那只能说明你的能力不足。

你在享受企业给你提供的优良环境的同时，就不要在企业处于困境期时抱怨薪水少、工作累，不停为自己的利益抱不平。此时，你要做的就是将企业利益放在首位，从企业角度出发，献出自己的一分力。

不可否认，个人的力量是有限的，只有依托集体的力量，才能实现自我价值。对于企业和员工而言，关系正是如此。个人利益的实现，需以企业利益为先。可是，有些员工却背道而驰，在处理企业与自我利益的关系时，总是把自己排除在企业之外，对于企业的利益也毫不关心。

在现实生活中，我们对于以下几种情况都不会陌生：

1. 用他人的资源为他人办事，通常不懂得节约，且对事情本身也不会尽全力。

2. 用他人的资源为自己办事，也不懂得节约，但会特别尽心尽力。

3. 用自己的资源为他人办事，通常会很节约，特别会算计，做事效率也很低。

4. 用自己的资源为自己办事，除了想尽办法节省成本之外，做事效率也很高。

由此可以看出，用自己的资源为自己办事，才会将事情做到最好。那些只注重自我利益的员工，就如第一种人，通常不懂得节约，也创造不出价值。企业对于这种既浪费资源又创造不出价值的员工避之不及，又怎会高薪聘用？学着隐藏自我利益，以企业利益为先，你将收获更多。相信所有的企业老板都喜欢既能为企业办事又懂得为企业节省成本的员工。

那么，如何做才是以企业利益为先呢？有时在企业会听到这样的声音："管他呢，又不是用自己的，不用白不用。"于是，你拿一点，我拿一点，直到把企业掏空，自己也失业了，谈何自我利益？身处职场，不要总把自己与企业分开来看，而要把企业看成是自己开的，这样在使用企业资源时，就会想着控制成本。尤其在面对大的项目时，就会更加认真。在面对问题时，才会更加卖力地去解决。

小余是某公司信息工程部职员，这段时间他休假。一天，他与妻子去商场买东西，无意间听到有几个人在谈论他所在的公司。其中一人话语很不客气，夹杂着怨气，大概意思就是小余所在的公司存在服务质量问题，但具体什么事也没说。妻子拉着小余准备走，小余却转身走向那几个人，说："不好意思，打扰一下，我刚才听你们在议论××公司的服务情况，我刚好在××公司工作，能否跟我说一下具体情况呢？如果是我们的问题，我一定尽全力帮助你们。"

一开始大家很吃惊，可看小余很真诚，最后将情况一五一十地说给小余听。了解到情况，小余打电话给公司相关人员，将具体情况说给他们听。没多久，公司就派人解决了问题，这让他们非常满意。

小余休假结束，到公司之后又给那位客户打电话了解情况，这让客户很感动。最后小余又表示了歉意，客户很满意。

小余的上司知道了这件事，对其赞赏有加，号召全体员工向小余学习。从此以后，小余颇受领导关注，其能力也得到了上司的肯定，职位一升再升。

不要总想着你能从企业得到什么，而要站在企业的角度，认真对待工作，隐藏自我利益，以企业利益为先。这样不问回报，尽全力工作，你的潜能也可得到最大的发挥，体现更多的价值。

有战略地去执行

企业从来不缺理念。如果企业发展遇阻，最大的问题很可能在执行方面。很多管理者奋战于会议室，制定了企业发展战略，可是回到工作中，这些完美的战略就开始与日常工作脱节，需要花大量的时间、精力去追踪。

企业需要能够创造价值的员工，如比尔·盖茨所说："能为公司赚钱的人，才是公司最需要的人。"一个拥有忠诚度且能有效执行的员工才是最令企业满意的。员工不能有效执行，确实让企业头疼。对于企业来讲，与其追求完美的战略，不如在执行上多投入。不管是好的战略还是坏的战略，多数战略出问题都是在执行上。

有战略的执行，前后一致，可以有效推动战略的实施，有利于团队管理，提升执行力。下面我们来看一下如何有战略地去执行，让工作更有效率。

第一，简单易懂。战略再简单，到了执行时还是会变得复杂。所以，要学会将不同的因素整理成一份有条理的计划，将事情排个先后顺序。将整体目标细分成短期行动，每个行动都有起止时间。

指出在执行过程中用怎样的标准来进行监督，使团队在工作中保持高度的专注，并且在出现问题时，可以及时做出指导。

第二，专注。就管理领域而言，过于分散精力是很危险的。有些人总想着尽可能同一时间多做一些事，以证明自己有高超的领导力。这使得他们越来越忙，却忙不出成绩。数量少不代表没成绩，而且其准确度极高。

R 到公司以后，总想让领导看到他的表现，于是什么事都抢着做。领导觉得他积极性高，一开始对他很是欣赏，总会习惯性将工作交给他。可是，领导慢慢发现，他交上来的成果大都没达到预期。原来，R 急于表现自己，好几份工作同时开展。他原本正在写报告，突然想起还没和客户确定信息，于是放下报告去给客户打电话。打完电话，又突然想起……最后搞得自己筋疲力尽，却没取得最好的效果。

第三，培养写日程的习惯。不论是管理者还是员工，都要有写日程的习惯。我们发现，那些记录在日程上的事情，通常我们都能在规定时间内完成；而那些没有记录的则被抛诸脑后，实现的概率微乎其微。那些执行力强的人在工作的时候通常能保持一定的纪律，做事有条理，对于未做完的事通常也不会忘记。不是说他们的记忆力有多好，而是他们懂得制作清单，将未完成的事一一记录。

第四，从目标看到结果。很多人的失败源于虎头蛇尾，总是走一步说一步，对于事情没有一个系统、认真的考虑。很多人在执行过程中总是想着：以后还不一定会怎么样呢，没必要花时间、精力去考虑那些细节。的确，在某些时刻，这种观点是合理的，比如高层管理者在制定战略时只需考虑大的方向即可。可是，真正落实到执行，就需要认真思考每一个细节，确保计划的可行性，对于未来有可能发生的变故做好备案。

管理是否有效，要看执行结果。执行力不只是体现在做事速度快，执行过程是需要组织、制度、文化等来约束的，健全的流程化执行会让工作更有条理。

第八章

高效沟通，为执行结果加速

沟通不畅，摩擦不断

杰克·韦尔奇说：“管理就是沟通、沟通再沟通。”沟通不畅会使工作一再遇阻。

不管是在工作还是生活中，我们常常会听到“我以为”这样的词，这其实就是沟通不畅带来的结果。在没有完全理解的情况下，去做一件事，结果不符合要求，一句“我以为……”就会使关系陷入僵局。从另一个角度来看，其实“我以为”是一种借口，只是没完成任务的推脱之辞。在执行过程中，最忌讳“我以为”。工作中，有很多沟通起不到应有效果，就是“我以为”造成的。

W将努力了两天做的调查报告交给部门经理，本以为自己的努力会得到上司的认可，没想到换来的却是上司的责骂。上司将W的调查报告扔在桌上，说：“这就是你调查了两天的结果？你没听到我说的话吗？我要的是这个吗？拿回去重写。”W委屈地说：“我以为……”听到这里，上司更气恼了，说：“你以为？你以为的东西就确定是我要的吗？”W走出办公室，可还是一脸茫然。

从案例中我们可以看出，W之所以执行出现问题，有两个方面的原因：（1）在沟通过程中，对于不明白的问题没有及时提出，用自己的理解去做事情。对于对方传递的信息也是选择性的聆听，对事情了解很片面。（2）传递信息者不能准确表达自己的意思，让聆听者摸不着头脑。而聆听者只是在心里揣摩，这就使沟通更加困难。

上司让小王去买个喝茶的杯子，小王半小时后买了回来。上司看到杯子有些不高兴地说："我要的是保温杯。"小王心想："我以为……"没办法，小王又跑去买保温杯，上司看到保温杯说："我要的是黑色的。"小王无力地想："我以为……"小王又去调了个黑色的保温杯，回来后，上司更不高兴了，说："我要大一号的。"小王心里在想："我以为……"一趟趟地跑下来，小王还在心里犯嘀咕："我以为这是个很好相处的上司，没想到这么难缠。"

沟通不畅似乎是很多企业在管理中都会遇到的问题。由于企业机构过于复杂，高层决策很难完全落实到每一个员工身上，而基层一些建设性的意见也无法及时传递到高层。

不仅上下级之间需要有效沟通，同事之间、商家与客户之间也要重视沟通。一个不懂得如何沟通的人，在职场会遇到很多烦心事，如人缘差、树敌多、被排挤等，摩擦不断，致使工作无法正常运转。因此，解决问题的根本要从沟通开始。

前台来了一位未预约的人，前台服务员很有礼貌地询问客人名字：

"请问先生贵姓?"

"我姓 liu（牛）。你们经理助理打电话让我过来的。"

前台服务员转身打电话，依然面带笑容：

"对不起，经理在开会，经理助理说并没有约见你。"

那位客人还想说什么，前台服务员已经开始忙其他了。

一小时后，经理助理打电话过来问：

“有没有一位姓牛的客人过来？”

前台很肯定地说没有。

再过十分钟，那位前台服务员被训斥了。原来被她打发走的客人正是经理急于见的客户。

有时候，沟通需要做出合理的反馈。如果前台多问一句：“是‘文、刂’刘吗？”就不会出现被训斥的情况了。

沟通不畅会产生一系列的不良连锁反应。比如，你因为缺乏沟通，上司会认为你对工作有意见；与客户沟通不畅，或许会丢失客户。作为中层管理者，沟通不畅就无法起到很好的上传下达的作用。而跨部门之间如果少了沟通，就会影响公司的正常运转，公司的整体绩效下滑也在所难免。执行有效的前提就是沟通，脱离了沟通，执行过程中遇到问题就无法得到及时解决。

试想一下，你本想传递100%的信息，可因为表述不清，只传递了80%的信息，而信息接收者因为某些原因只听到了60%，可能只理解了40%，到最后只记住了20%。在这种情况下，还如何执行，执行还是否有结果？沟通的不畅通，会使工作陷入瘫痪。

沟通最重要的点在于“问”，只有明智的发问才能使问题得到解决，多问几次，总比失败要强得多。

如何做，才能有效沟通

很多人认为沟通只是将自己要说的内容直白地说出来，也不管对方听懂或是听进去了没有。对沟通的不重视，是很多管理者经常犯的错误。在他们看来，上下级之间是不平等的，上级只需要下命令，而被执行者无须知道理由。因为没有沟通，下属不了解做事的意义，更不清楚做事的价值，所以，做起事来积极性就不高，自身能力也得不到发挥。因为对事情了解不全面，不敢大胆行事，只是中规中矩地做事，效率极低。

执行力与沟通密不可分。你也许经常遇到这样的情况：给下属交代的任务，常常会被下属误读，执行方向与所预期的大相径庭。有时根本不是下属不听话，或是能力有问题，归根究底，还是沟通出现了问题。

沟通并不是你将表达的内容说完就了事的，而是要看接收者吸收了多少。如果你说完了，对方却无动于衷，那么，此次沟通就是无效的。而无效的沟通直接导致无效的执行。那么，如何进行有效的沟通呢？

第一，表达的内容需清楚。知道自己说了什么，目的是什么。如果自己都不知道，那听的人就更不明白了。

第二，沟通的时间要掌握好。在沟通对象刚被领导训斥后，你就兴奋地跑过去与其商量关于晚上宴会的事宜，那显然有些不合适。要想让沟通有效，就要把握好沟通的时间及火候。

第三，沟通对象要搞清楚。有些人口才很好，表述也清楚，可如果选错了对象，也是无法达到沟通效果的。

第四，懂得如何说。你知道跟谁说、说什么，也明白什么时候说，可是你不清楚该怎么说，那么也难以达到沟通的效果。沟通要选择对方听得懂的语言。

沟通时还要注意自己的角色定位。如果是与上司沟通，需遵循三条原则：

1. 角色认定。与上司沟通忌开玩笑，要体现上司的权威。你有什么不懂的，要等上司说完再发问。

2. 根据上司的特点进行沟通。如你的上司很固执，沟通过程中就不要急于表达你的观点，而是用事实或举例子来说服上司。千万不要仅凭自己的观点去权衡他人，“想当然”的思想要不得。

3. 要站在公司的立场考虑问题，这样才能使沟通更顺利。

如果是与同事进行沟通，由于每个人的性格都不同，再加上同事之间会存在一定的利益冲突，所以，有些小矛盾在所难免，此时应尽量把问题简单化。多站在对方的角度去考虑问题，不要一味抢先表达自己的观点。进行有效沟通，需遵循以下步骤：

第一步：引起注意。比如说，你与一个人交谈，对方脸稍下沉，手微遮住嘴。这表示对方并没有完全接纳你，他在想别的事情，或许在听，但并没有放在心上。这时，最好的做法就是保持沉默，你可以假装喝水或是整理资料，等对方“醒”来，再继续话题。还有一些人则是低着头，看似在写着什么，实则在发呆，这表示他对你所讲的内容不感兴趣。这时就不能一味保持沉默，需要讲些对方感兴趣的话题。要知道，只有对方感兴趣了，才能产生交流的欲望。

第二步：寻找共同语言。在管理上会有很多专有名词，大多数人都听不懂。因此，要进行有效沟通，就需要用对方能了解的语言。比如说，对方听不懂英文，可是你总是时不时地跳出几句英文，这就会让对方很难理解你说话的内容。在了解过程中，寻找共同语言，这样的谈话就会越来越有默契，沟通也就会变得更加顺利。

第三步：良好的第一印象。美国有位教授曾研究过，关于信任，有7%源于我听懂了你说的话，38%源于你好听的声音，55%源于你良好的仪容仪表。对于一个人来说，他的主观意识往往决定了他对对方所传递的信息是否选择接受。要让对方第一时间接受你，良好的第一印象非常重要。

第四步：行动。如果对方对你的话感兴趣，且对你第一印象良好，那么就会采取行动，这就是有效沟通。

沟通中缺少了任何一项，都会对行动带来不利。只有沟通顺利了，问题才能得到解决。不管哪个行业，要想完成目标，都离不开有效沟通。

有效沟通最重要的是要站在对方的立场去思考，因此，以对方惯有的习惯去说明，更容易让对方理解。反之，就好比鸡同鸭讲，时间浪费了，对方也听不明白。你的下属听不懂你的工作指示，谁之过？有些人认为是下属理解力有问题，实则不然，最大的错误在于上司，他不够了解下属。如果他用下属容易接受的方式与之交流，相信效果会更好。

有效倾听才能有效执行

倾听是一门艺术，不仅要用耳朵听，最重要的是用心去听。如果接收者没有做出应有的反应，那么可能根本没有听进去。一些人看似在听，或许会听到只言片语，却容易将至关重要的部分错过。作为一名管理者，如果想让下属好好为你工作，就要先学会好好听他们讲话。

T是一位销售员，一天他带着产品去向客户推销，双方谈得很愉快，客户对T也赞赏有加。眼看就快到签约环节了，客户突然转变了态度，T失望而归。T并没有放弃，又找了客户好几次，客户被他的真诚打动了，最后他从客户口中得知那天突然改变主意的原因。客户说："你没有自始至终在听我讲话，签约之前，我向你提到我妻子最近心情不太好，想出去走走，我还提到我妻子是个很好的贤内助……我说了很多，可是你没有一点反应，甚至转过头翻看手机信息，这点让我觉得很生气，觉得自己不被尊重。"

听完客户的话，T觉得很惭愧，也从中领悟到了倾听的重要性。不能有效的倾听，并给予认同感，那么很容易失去一个客户。有效倾听需遵循以下原则：

第一，不要随意打断他人的话。在交谈过程中，打断他人讲话是很多人都存在的问题，这也是一种很不礼貌的做法。

第二，精神要集中。一些人在听别人讲话时，思维很活跃，接收速度快。常常有这样一种现象：说话的人还没说完，听者已经明白了其中的意思，余下的时间思绪就偏离了。其实，你可以利用这段时间，观察说话者的非语言表达，加强对内容的理解，进一步领会其所表达的内容。

第三，注意听音。有些人在听别人讲一些重要话语时喜欢做记录，这是个好习惯，但需要注意的是，做记录的同时也要留意对方说话的语气、语调等，不应该只是停留在语句上，不然很容易忽略对方所表达的内在含义。

第四，适时表明你在用心听。要不时流露出你在认真听对方讲话的表情或动作，这样你可以获得更多更重要的信息，可以用“嗯、哦、是”等来表达你的共鸣，鼓励对方多说。试想一下，如果对方正眉飞色舞地讲话，你却哈欠连天或是用不适宜的声音附和，对方肯定认为你对此话题不感兴趣，话题可能就因此中断，而你也得不到更加有用的信息。

有些人在听别人讲话时，可能认为听过类似的事情，于是就急于打断说：“别说了，这件事情我已经知道了。”其实，你并没有了解全部事实。即便以前听过，可另一个人表述出来或许就是另一个意思。也许他只是做一个引言呢？也许他只是借这件事引出另一件事呢？你这样急于打断就会错过很多重要信息。

要想让别人听你讲话，首先你应该学会如何倾听。尤其作为管理者，不懂得倾听不同的声音，就会因疏忽而造成不可挽回的损失。

“这么大的事怎么也不知会我一声？”经理很生气地对着下属说。

“昨天我提醒您了，可说到一半，您就说您知道了，我就没往下说。”下属委屈地说。

在公司里这样的事并不少见，下属准备汇报某件事情，可刚开了头，领导者就不耐烦地说：“行了，我知道了。”以至于听不到后面真正要表达的内容。

还有一些领导者则是对下属反映的情况视而不见，对于下属提的意见也不认真听，久而久之，下属就会对领导者失去信任，有什么事也不说，做事也是凭自己所理解的意思去做，这样难免对执行力造成影响。

上下级之间沟通是不可避免的。作为下级，在沟通前除了要克服惧怕领导的心理外，最重要的是，在与上级沟通之前先将想表达的问题整理清楚。领导要的不是提出问题，而是希望你可以提出问题的解决方式。向上沟通，要拿出胆量。而向下沟通则要做出平等的姿态，不要以领导姿态发出指令，这会让下属觉得自己的情感及需求没有得到尊重。要多听下属的想法，使其参与到决策中。只有达成共识，执行才更有力。

作为领导，如果你不尊重下属的意见，那么下属也不会认同你，对你今后的工作是很不利的。学着去听不同的声音，不要轻易对某件事下结论，更不要有“先入为主”的错误认识。集中精力，保持目光接触，这样才能高效地沟通，使执行达到最理想的效果。

先准备，再沟通

在工作中，有很多事情都需要提前做准备，这也需要成员之间的相互沟通。领导者认为，只要将自己的命令传达下去就行了；而下属则认为，将问题反馈上去就好了。两者都没有做好解决问题的准备，只是简单的上传下达。到最后，问题得不到解决，影响企业效益。彼得·德鲁克说："人们喜欢听他们想听的话，他们排斥不熟悉和具有威胁性的语言。"因此，沟通是需要技巧的。在沟通前做好必要的准备，可以节省很多时间，达到事半功倍的效果。那么，在沟通之前，需要做哪些准备呢？

第一，准备资料。在进行沟通之前，将自己要说的话先整理一下。收集一些有用的信息作为证明材料，而且要对对方进行一定的了解。所谓知己知彼，百战不殆。准备得越充分，成功的概率就越大。比如说你去见一个客户，客户问你："你的产品与其他同类产品相比，优势在哪儿？"面对这个问题，准备不充分的人或许会说："我们的产品很好，真的很好。"只是单纯强调产品很好，却说不出所以然，这会让客户大失所望。再比如你因对某事有意见，想向上司反映，可是说了一大堆话，上司都不知道你要表达什么；或者上司问你具体情况，你一问三不知。那么，沟通就会变得没有意义。鉴于这样的情况，你可以事先组织语言，做成书面材料，然后适时给上司做出说明，效果会更好。多准备些辅助资料，可以让你在沟通时更加自信。

第二，创造环境。环境可以激发一个人的沟通欲望。通常来讲，做什么事，要有做什么事的环境，环境不同，人的状态也会有所不同，而不同的状态直接影响沟通的效果。比如说，上司正在与客户谈话，你心急火燎地跑过去，不管三七二十一，先将自己要说的话说完。显然，在这样的环境下，上司是不可能听你把话说完的。你要表达什么，就要选择相应的场所。比如说，你要与上司商讨下个月的绩效考核问题，那么就要选上司相对空闲的时间，或者先询问上司什么时间合适。这样谈话不容易被打扰，而且对于提升你的自信也很有帮助。

第三，良好的态度。人都是互相影响的。在与他人沟通时，如果你总是将负面情绪外露，那么对于沟通是不利的。小文因与男朋友闹矛盾，心情不好，上班也无精打采的。此时，她有一项工作要向上司汇报，拿着文件走进上司办公室。上司边看文件边询问，可小文要么说“不清楚”，要么反应很长时间才回答上司的话，完全不在状态。这让上司很生气：“既然没准备好，就不要拿这种不成熟的文件给我看。还有，你这是什么工作态度……”小文的表现确实令人不满意，带着坏情绪去与人沟通，是很难取得成效的。沟通之前，先平复自己的情绪，以一种积极的心态去面对，会使沟通更加畅通。

在进行沟通之前要将一切准备妥当，倘若能具体到每一句话如何讲那自然最好，而且要有随机应变的能力，不能照本宣科。否则，对于突发状况就会因准备不充分而手足无措，思维出现混乱，也可能因为临时找答案而轻易做出承诺，为以后埋下隐患。成功在于你准备了多少，准备得越充分，成功的概率就越大。

把握重点，有效沟通

现实生活中，有很多人都喜欢说“废话”。长篇大论是有效沟通最忌讳的。为使沟通更加有效，可以将你要表达的内容整理出几个要点，用简洁的语言表达出来。这样既节省时间，又容易让对方听明白。

“青青啊，听说你明天休息？”

“嗯。”

“哦，那明天有安排吗？”

“没有。”

“真的？听说明天天气不错。”

“嗯。”

“那你有什么特别想做的事吗？”

“没有。”

“是这样的……”然后又是一段无关紧要的话。

这样的对话在生活或是工作中并不少见，人们总想着不要冷场，于是找出一大堆的话来为自己真正要表达的信息烘托气氛。殊不知，这样会让人更加摸不着头脑，甚至觉得是在浪费彼此的时间。有些人觉得太过直白的话会让人难以接受。的确，在特定环境之下，有些话是需要斟酌，但不是让你说一堆无关紧要的话，到最后，真正需要表达的却忘记了。

说话要说重点，听也要听重点。沟通是一种能力，而最高的境界就是："听"到说话的人想说；"说"到听着的人想听。我们常听到一句话："你真是说到我心坎儿里去了。"这其实就是一种有效的沟通，让对方听得进去并乐于接受，最终达成共识。

一天我接到一个营销电话，是个小姑娘，很有礼貌，刚好我有时间，就打算听听。小姑娘很高兴，开始了销售陈述，听得出来这些都是标准的营销说辞。我并没有打断她，两分钟过去了，她还没讲到重点，我也不知道她到底要推销什么，这让我有些不耐烦了。于是我告诉她说，我不需要。小姑娘似乎很吃惊，急忙说："我都还没介绍是什么产品呢，你怎么知道不需要呢？等我介绍完说不定你正好需要呢？"

这就是问题的症结，你说了两分钟还没说到重点。在很多时候，人们说话是没有逻辑的，总会说些不着边际的话，因此，要试着锻炼自己的语言表达能力。或许你写的报告有上万字，但你一定要有能力用一句简单的话将其表达清楚，而且，这句话能抓住对方的心理，这样才能达到有效沟通。

美格森的一位员工给一位经销商打电话，他是这样表述的："赵经理您好，我们公司的资料全都是精心设计过的草案与纲要，里面会有一些专业术语，需要通过专人配合说明与解释。而且依照每一位客户的需求，我们都进行了相对应的修订，这就等于是为您量身定做的。今天如果您抽不出时间，我看周四或是周五我过去给您做个详细的说明，我是上午还是下午过去方便呢?”

通常情况下，客户是不会直接拒绝这样的要求的。这样的话既表达了重点，又容易让客户接受，而且达到了拜访客户的目的。

这是个快节奏的时代，每个人的时间都是宝贵的，没有人愿意空出时间来听你讲没有条理的话。一分钟内你能抓住重点，集中出击，便能达到你想要的目的。谈话间，无论你是说话者还是倾听者，抓住话题的重点很重要。在谈话之前，要想想如何说服别人，用一两句话概括你的目的与你的打算。哪些是重点，哪些可以忽略不计，这些在心里都要打好草稿。将对方的注意力引入你将要讲的重点内容，简单明了，实现有效沟通。

高效运用肢体语言

现实生活中，大多数人认为沟通就是“你说我听”。其实，语言只是起到了方向性或是规定性的作用，而话语的真正思想与感情则是靠非语言，如身体动作、面部表情、衣着打扮、语调等传达的。通过非语言的不同组合，可以表达出约70万种不同信息。有研究表明，有效沟通93%靠的是非语言，非语言可以使你所要表达的内容更生动，也更容易让人接受。

肢体语言具有辅助作用。用语言表达时常会有词不达意的感觉，此时肢体语言就可以弥补语言的局限性，完善你的真实意图。比如，有人向你问路，你只是跟他说向南走、向北拐，那么他肯定会很茫然。而此时如果一边跟他说怎么走，一边用手指明方向，相信对方很快就会明白。

非语言也是一种情感的表达。友好的握手可以建立良好的人际关系；朋友间的拥抱表示关系亲密。在沟通过程中，高效运用肢体语言，可以适当维持与调节沟通。比如说，点头表示肯定，皱眉说明有疑问。

很多企业都要求员工懂得察言观色，尤其是服务行业。关注客户所流露出来的肢体语言，有助于了解客户的真正需求，对你接下来的工作很有帮助。改善肢体语言的沟通，需要做到以下两点：

第一，了解对方的肢体语言。通常来讲，肢体所表达的意思更为丰富，要理解别人首先要学着解读他的肢体语言。一般通过对方的眼神、姿势等可以感知到对方的心理状态，有助于我们了解对方的喜怒哀乐，便于调整交往过程中的行为。不过，在理解别人的肢体语言时，需要考虑到，同样的肢体语言如果在不同性格的人身上，所表达的意义是不同的。而且，同样的肢体语言，在不同环境下所表达的意义也不同。这就需要站在对方的立场上考虑问题，学着察言观色。同样都是微笑，有些人表达出来的是好感、认同，而有些人则表示的是尴尬、嘲讽。这就需要我们多观察，结合其他非语言来进行判断。用心去体会对方的状态，善于从对方不自觉流露出的姿势和眼神中发现其真实状态。

第二，运用自身肢体语言。高效运用肢体语言，需要做到：

(1) 对自身肢体语言的自省，检验以往肢体语言的有效性，看是不是会引起他人的误会等。

(2) 日常生活或是工作中有意识地运用肢体语言。

(3) 自身角色与肢体语言需一致。

(4) 培养良好的肢体语言。

做到这些，有助于随时随地调整自己的肢体语言，使其有效地服务于我们的交往活动中。不懂得自省的人，常常会让人从你的肢体语言中误读某种信息。比如说，性格开朗的人对谁都很热情，说话口无遮拦，肢体语言也异常丰富，常会给人一种浮夸、不自重的印象。我们可以观察那些优秀的演说家，他们都是高效运用肢体语言的高手，而且极具个人特色。良好的肢体语言是可以培养的，只要经常有意识地运用，就会得到改善。

小程有个不好的习惯，坐时间长了就喜欢抖腿。一次，他去见客户，刚开始相谈甚欢。中途客户接了个电话，小程的小习惯就来作怪了。客户回来后，小程还小幅度地在抖腿。他以为腿在桌子下面，客户不会发现。谁知道，客户因为他的这个动作感到很不满，微微蹙眉。可是，小程的注意力已经没那么集中了，根本没注意到客户蹙眉的动作。最后，客户以需要再考虑一下为由打发了小程。

那些不良的肢体语言，不仅对沟通没用，还会使沟通效率下降。无意义的肢体语言会在一定程度上分散人的注意力，给沟通带来不利影响。

不同风格沟通技巧

我们常说，见什么人说什么话。在工作或是生活中，我们会与各种人打交道。因此，了解不同的人在沟通过程中所表现的不同特点，有利于找出相对应的方法与其进行有效沟通，以达到最完美的结果。

通常情况下，风格相似的人沟通起来效果更佳。当你掌握了不同的人的风格特点，那么，便会选择与其接近的方式进行沟通。懂得怎样以行为风格进行沟通的人，通常情况下，在说服他人方面会顺利很多，并从中获得自己想要的结果。

为什么有些人在团队中总显得格格不入？为什么有些人第一次打交道就觉得一见如故，相谈甚欢？怎样做才能更受欢迎？要解决这些问题，首先要了解不同风格的人的特点。

第一，冷静的人。这类人做事有条不紊，非常注重细节，往往动作较慢，逻辑性强。与这样的人沟通，需要注意的是，与其见面一定不能迟到，快速进入主题。与其交流时，尽量不要有太多的眼神接触，而且要使用准确的专业术语，精确你所提供的数据。他们面部表情极少，是以事实说话的人。

第二，亲切的人。这类人总是给人一种亲切感，他们的喜怒哀乐会不时流露出来。这样的人多看重人际关系，对于结果倒是不太关心。因此在沟通过程中，要注意关系的建立。与这样的人打交道，要时刻面带笑容。而且，这类人说话一般语速较慢，此时不要给予他们过多的压力，给他们考虑的时间，可以试着问：“你有什么看法?”尝试着征求他们的意见，会有意想不到的收获。和他们进行目光接触时，不应紧盯不放，这会让他们觉得紧张。

小丽来公司已经一年多了，能力不错，就是性格有些内向，遇事不懂得争取，见人只是点头微笑，给人一种软绵绵很好欺负的感觉。一次，她发现上司拟定的计划存在几个问题。性格内向的她一和上司说话就紧张，她害怕说不好被领导骂，所以一直犹豫着要不要和上司说。终于，她鼓起勇气向上司提出了计划中出现的问题。小丽说得很慢，因为紧张还出现过大脑空白的状态。上司笑着鼓励她慢慢讲。对于小丽提出的问题，上司大加赞赏。

上司对小丽有印象，知道她能力强，就是性格过于内向。为了改变这一状况，上司决定和小丽好好谈谈。他放下上司的架子，将小丽叫到员工休息区，两人如朋友一般聊了起来，从工作到生活。上司发现，其实小丽很健谈，而且很有想法。经过此次谈话后，每次开会，上司基本都会点名问小丽的看法。慢慢地，小丽的胆子也锻炼出来了，工作能力也得到了大大提高。

试想一下，如果面对小丽的意见，上司不是如此耐心地倾听，并找到沟通的技巧，很可能就会失去一个好员工。

第三，果断的人。这类人情感不外露，做事果断，讲求效率，喜欢发号施令。他们目的性较强，说话直接。与这类人打交道，说话不能遮遮掩掩，回答一定要精准，他们不喜欢模棱两可的结果。与他们沟通，一定要有计划，直接说明目的，最终落在结果上，他们会觉得你有效率。交谈时，保持身体略微前倾。

第四，热情的人。这类人性格外向，热情直接，不拘小节，说话时会借助过多的肢体语言。与这类人打交道，要适当使用肢体语言。如果你过于死板，他们的热情会瞬间熄灭。当他们有肢体语言出现时，要用眼神表示你有关注他，否则会令他感到失望。热情的人因为对细节不是很在意，故常常说过的话转身就忘记，因此做书面确认是非常必要的。

沟通是为了与被沟通者达成共识，了解不同的人的风格，有助于我们在沟通过程中使用与其相符的沟通技巧。有了良好的第一印象，沟通就会变得顺利很多。

第九章

用制度和管理为执行保驾护航

构建高效管理制度

一家企业无论大小，如果想要正常运转，除了企业管理者的掌舵外，还需要一系列行之有效的管理制度作为保障。企业的内部秩序需要制度来维持，管理制度就要起到规范与约束的作用。也就是说，如果制度没有了约束力，那么管理者就会有操不完的心，需要花费大量的时间与精力去处理那些琐碎的事。

完善且合理的规章制度会将重复的流程简单化，使企业的资源及成本大大降低，使企业进入良性运转的状态。当管理制度不完善时，任何先进方法都无法得到充分的发挥。所以说，构建高效的管理制度对于企业来讲是非常必要的。构建高效管理制度需要注意以下几个方面：

第一，管理制度需精简。管理制度条款并非越多越好。一些企业为完善公司制度，学习一些先进的企业管理模式，然后依葫芦画瓢，制定了全方位的规章制度。可是结果却出人意料，不但对提升企业管理没有帮助，反而出现了一系列负面影响，如基层管理者基本都在忙着开会、检查等，员工则忙着应付各种活动。在制定制度时，企业应结合自身实际情况，使制度更加科学、合理，这样才能保证制度的正常实施。

第二，管理制度需明确。管理制度要让员工明白自己该如何做。领导者通过观察新员工在工作中出现的问题、老员工对企业的惯性认识来搜集信息，这些信息都可以作为制定制度的依据。制度应该在任何情况下都适用于所有员工，如果例外情况过多，那么就有必要进行适当调整。

第三，管理制度以人为本。制度人性化对企业管理非常重要，也是现代企业管理制度的发展方向。“以人为本”和制度管理相结合，除了营造良好的工作环境，还要使纪律严格有序。有要求，但不过于苛求；适当的宽容，但绝不纵容。

第四，制度执行人员需明确。制度如果缺乏执行力，那么再完善也是空谈。制度的落实与监督需有专人来负责，这样制度才更容易被落实。尤其是制度实行前期，矛盾肯定避免不了，所以，需有专人以新制度对所有员工进行强化管理。不然，制度管理就会因为落实不到位而执行不下去。

第五，配套奖惩措施。制度的推行，如果全靠自我约束与管理能力，那是很难的。每个人的执行能力有强有弱，很多人潜意识里是不情愿被约束的。通常，几次违例下来而没被处罚，他们就会产生一种想法：制度无关紧要，违反了无所谓。久而久之，员工对于制度的严肃性就不那么在意了，管理制度也就形同虚设。所以说，如果有人违反了制度，就要马上进行处罚，显示管理的力度，使管理更具严肃性，这才有利于管理的顺利进行。

在联想集团有个罚站制度，而且没有特例。曾有一位刚进联想集团的员工对罚站很不理解，认为这么大的企业用这种做法颇具孩子气。在紧张而忙碌的工作中，他也渐渐忘记了这个规定。一次开会，他因有事而迟到了。走进会场，看到后面有座位，便准备悄悄走过去。可此时主持人却开口说："请留步，按照规定你需要罚站一分钟，就在原地站着吧。"他非常尴尬地在大家的注视下站了一分钟，事后像没事发生一样继续开会。一位部门经理散会后对这位员工说："以后多注意点，也别太在意，我开会迟到也被罚站过，就连我们的创始人柳传志曾经也被罚站过。"自这次之后，那位员工再也没迟到过，而且养成了一个好习惯——严格遵守时间。这就是联想的罚站文化，它体现一种公平性，更能激发员工的工作热情。

第六，制度的动态管理。现代企业，不管是内部环境还是外部环境都在不断发生着变化。管理制度再好，也会随着环境的变化而出现不适应。如果不加以改进，管理就会滞后，企业的发展也会受到影响。因此，管理者在制度上需进行动态管理，这样可以对制度执行中的问题做到及时发现、及时改进。作为企业管理者，对于本企业的规则要做到时刻关注，及时纠正那些不切实际的规定。

企业的发展离不开高效的管理制度。一个与企业发展相契合的制度，可以实现企业制度化发展，以适应市场的不断变化。

执行力的强度取决于纪律性的强度

一个国家如果没有法律的约束，那么违法犯罪就会越来越多，居民的人身及财产安全就无法得到保障。一个企业如果没有纪律的约束，就会出现迟到、早退，工作态度不严谨，工作拖拖拉拉……在这样的状况下，人们是很难正常工作的，更别谈工作绩效了。要使集体利益及个人利益相协调，那么，就要加强集体纪律性。纪律性的强度也决定了执行力的强度。

很多人都有乘坐公交车的经历。当等车的人一拥而上时，不仅上车的速度会大大降低，而且也耽误了大家的时间。如果可以有纪律、有秩序地依次上车，那么节奏就会加快很多。

对于一个企业来讲，无论领导还是员工，如果都可以用行动来维持纪律性，那么企业执行力就会大大增强。巴顿将军说："纪律是保持部队战斗力的重要因素，也是士兵发挥最大潜力的基本保障，所以纪律应该是根深蒂固的，它甚至比战斗中激烈拼杀和死亡更可怕。"

我们可以从以下几个方面着手加强纪律性，提升执行力：

第一，守时。不迟到、不早退是对一个员工最起码的要求，这也是最为简单的纪律要求。企业的规章制度有其存在的必要性，遵守纪律也有其重要性，每个员工都要对此有一个充分的认识。当你的认识提高了，相对地，行动也会变得更加自觉。

第二，岗位责任制需严格履行。每个岗位都有其职责，要严格按照岗位责任制来行事，各司其职，避免出现有人忙得不可开交，而有人则无所事事的情况。

我曾看到过这样一个办公室，里面有五名职员，其他三名忙得如打仗，可是另外两名则悠闲地坐着喝茶。我问那两个职员："他们那么忙，你们怎么不做事呢?"那两名职员说："我们又不知道该做什么，他们也没说要帮忙。"两个月后再去那个办公室，五名职员都变得无所事事，聊天的聊天，发呆的发呆，都在做着与工作无关的事。

再来看看美格森的员工，即便没有领导监管，员工还是认真做事。手头上的工作处理完了，就会主动找事做。在这样的氛围下，没有人会虚度时间。超强的纪律性让他们更具战斗力，为了一个目标而不断努力。

环境对一个人的影响是很大的。一个人浑水摸鱼而没有受到任何处罚，慢慢地，周围的人也会对自己放低要求，长此以往，后果不堪设想。

第三，保持严肃的工作作风。工作本身就是一件严肃的事，如果总是以开玩笑的态度去处理工作，势必对结果造成不良影响。一名员工节假日接到上司电话，说企划案出了点问题，需要加班调整。最后员工嬉皮笑脸地与上司"打太极"，上司也好说话。结果不止一位员工如此，其他员工都以各种理由拒绝去加班。最后此企划案因没能及时提交而被客户否定了。团队一周的努力全部化为泡影。

第四，有团队协作精神。有些人总喜欢单兵作战。其实，在团队中，没有谁可以完全独立完成某项工作，都会有依赖他人的时候。只有分工合作，积极配合，才能提高做事的效率。

作为一名员工，认真做好每一件事是本分。除了平时注重专业知识的积累外，最重要的是以纪律来约束自己。当我们的行为缺少了纪律性与统一性，那么，整体凝聚力与战斗力就会降低。作为管理者，更要以身作则，以纪律要求自己，让员工在思想上跟上步伐，这样才能执行有力。

恰当授权，激发良好执行力

处于高位，懂得恰当放权者，一般都是成大事者。那些有实力的企业，其最高管理者对于人才的选拔都非常重视。因为这些人才会代替他们将很多工作又快又好地完成。有时候，管得少并不见得就是对工作不上心。杰克·韦尔奇说："管得少，就是管得好。"为什么这样说呢？因为优秀的管理者懂得如何授权。

企业开启的每个项目都应该有一个明确的负责人，企业应授予其足够的权力。不然就会出现一种局面：被派者与责任者无法形成统一，执行过程中困难重重。

一家公司准备实施一个项目，小马充当工作协调人，主要责任就是提交任务，但对于监督结果没有权力。工作的进度及相关情况由项目组长直接于每周一向上级领导汇报。很多参与项目的成员对现场环境不是很了解，而且以前工作中养成的拖延习惯也慢慢暴露了出来。一个月之后，项目有了严重拖延的现象。小马无法对整个项目进行掌控，面对客户的投诉，他从开始的无奈转而向公司领导汇报项目情况并提出自己的建议。公司采纳了小马的建议，并授权小马管理及协调现场员工。小马接到授权后，马上行动，将现场工作及需注意的事项一一分派给了项目组成员，并交代如有任何问题需立即进行内部交流。一周之后，项目进度明显加快了。

责任与权力是同步的，如果只有责任，没有权力，是无法如期完成工作的。即便完成了，也达不到预期的效果。其实，企业与员工何尝不是一种合作关系，而合作是建立在信任的基础上的。作为管理者，你的信任从何而来，恰当的授权无疑是最好的选择。充分的授权可以激发员工良好的执行力。第一步，明确负责人，并赋予其充分的权力；第二步，分解目标，形成具体的任务；第三步，需要看到下属的汇报；第四步，避免下属只报喜不报忧。

授权也是需要一定技巧的，授权的主要目的在于提高员工的主观能动性，使员工有更大的发展机会，增强员工责任感……在工作过程中，有些工作是可以授权的，而有些工作则不可以。可以授权的工作有：日常工作、收集数据工作、监管工作等；不可以授权的工作有：部门间冲突的协调工作、纪律与制度的维护工作、下达目标等。那么，企业应该如何授权呢？

第一，定位明确。领导该做什么，下属该做什么，分工要明确。绝不能出现领导代替下属工作的现象，不然，下属就会无所事事。试想一下，如果总经理做了部门经理的工作，部门经理做了员工的工作，那么员工就只能盯着总经理了。这是很多企业面临的管理误区。

第二，用人不疑，疑人不用。很多管理者虽然将权放下去了，但总是担心下属做不好，事事都要过问致使下属也没有充分发挥实力的空间。经常会听到一些中层管理者抱怨说："这叫什么事，到底还让不让人工作了，总是指手画脚的，这也管那也管……"这是很多企业都会出现的问题。既然将事情交给了这个人，就要充分相信他，你只是负责督促。这样可以树立下属的工作信心，使其从中体会到快乐。下属在工作中有了成就感与愉悦感，就不会觉得工作枯燥，而且还会创造性地去执行任务。

很多管理者不愿授权，因为他们对授权存在一定的误解。他们觉得自己可以做，而下属能力有限，不足以担当重任。而且他们怕授权太多，自己的位置会受到威胁。还有些则是对权力的欲望过大，享受被人请示的虚荣感。

一个总是帮下属“做事”的管理者并不是一个合格的管理者。在下属职责范围内的工作，必须由其本人通过思考与努力去完成。一个优秀的管理者知道什么事情必须由自己做，什么事情该交由下属去做，自己负责监督。这样，才有更多的时间与精力去处理更为重要的事情。

完善的激励机制刺激执行力

企业之间的竞争说到底就是人才的竞争。要提升企业竞争力，最有效的途径就是建立合理、完善的激励机制，以此来刺激员工执行力。公平合理的激励机制，可以增强员工的竞争意识。

首先，激励机制要体现公平性，企业需要建立行之有效的管理规章制度，然后结合激励机制，坚持严格按制度行事。

其次，要结合考核制度，才能有效激发员工的竞争意识，将其潜能发挥出来。

最后，激励机制要体现科学性。

对于企业来讲，要完善激励机制，就需要搜集与激励相关的信息，然后再进行系统的分析。同时，对员工的需求与工作质量要进行全面了解，视情况制订相应的措施，激发员工的积极性，建立员工之间的信任感。这样才不会使人才流失，让其更好地为企业服务。员工在激励机制下会不断地学习，不断地成长。有些企业在建立激励机制时较为单一，存在一定的弊端，主要体现在以下几方面：

第一，物质激励。通过物质激励可以起到立竿见影的效果，可是，这种效果是会慢慢弱化的。过于依赖物质激励会后患无穷，而且通过提高待遇来刺激员工的执行力会使企业的运营成本加大。我们都知道，人的欲望是会膨胀的。也就是说，员工对于物质利益的追求会随着各种因素的变化而不断上升。面对这样的情况，物质激励只能提高不能降低，一旦降低，员工的积极性就会大受打击。

第二，运用情感。这一激励手段主要是从人的本性出发，在一定程度上可以使员工的积极性、主动性调动起来，增强员工的执行力，但并非次次灵验。因为人的情感具有不稳定性，情感的变化会随着价值的变化而转变，那么，执行力也会随着情感而发生变化。

第三，兴趣诱导。从员工的兴趣出发，可以使员工实现自我价值。与物质激励相比，兴趣诱导更合员工心意。其弊端在于，兴趣会发生改变，尤其是受社会潮流影响，兴趣时常会发生转移，进而对执行力造成影响。

2014 年 12 月对于美格森门店部来说是非常重要的一个月，因为这个月的业绩决定了他们是否能够完成全年的销售目标。这个月，美格森门店部必须完成 300 万元的任务，才能确保全年度的销售目标，300 万元对于门店部来说是比任何一个月都要高的任务，这意味着门店部的同事们要打一场硬仗。

在 12 月初的营销启动大会上，西安市 15 家门店店长分别与总裁曹新泰先生签订了 PK 书，写下了当月的销售目标，保证誓死完成任务，确保全年的销售目标达成。如果超额完成任务，大家将会获得翻倍的奖金，反之则会进行一定惩罚。有了目标，有了奖惩，还需要有达成目标的方法。公司决定在 12 月 23 日举办“金指环大爱筑家 & 美格森 2014 年度颁奖盛典”，奖励在 2014 年度做出突出贡献的会员，他们将获得美格森特制的金指环。待公司三年后上市，这枚金指环将会获得3倍的价值。同时，会员们也会获得境内/外旅游的奖励。好的政策、好的方法给广大一线销售人员带来了信心，他们坚定地执行总部的政策，相信好的政策可以给广大会员带来更多的福利，也会确保他们任务的完成。政策公布后，各门店在会前通过与会员沟通交流、讲政策、讲好处，打动了会员的心。部分门店在会前已经形成销售订单，再通过当天会场的激励、会后的追单，最终所有门店完成了当月的销售目标。门店部不仅完成了既定的300万元目标，并且超额完成了任务。

制定完善的激励机制，调动员工的工作积极性，依靠全体员工的努力，可以使企业的总体效益增加。激励机制的建立，需遵循以下原则：

第一，德才需兼备。一些企业过于重用“能人”，而忽略了“能人”的德行，使其他员工心生不满，造成不良影响。员工的积极性也会受到打击。

A公司有一套自己的激励机制，其中一条是连续三个月业绩第一者可以直接晋升为渠道负责人。小孙的业务能力很强，虽然在公司资历尚浅，但很快脱颖而出，连续三个月业绩第一，他自然而然成为了渠道负责人。可是，小孙为人很自负，而且不喜欢他人比自己强。当下属的业绩快要超过他时，他就会想办法打压，甚至用非常手段将业绩归到自己名下。小孙的业绩一路攀升，从渠道负责人摇身一变成了部门主管，可是，底下的员工却怨声载道。公司的整体绩效也是逐年下滑。

“能人”可以培养出来，可是如果一个人的德行出了问题，那对公司的影响是深远的。在建立激励机制时，如果忽略了德行的约束，那整体执行力是很难得到提升的。

第二，机会需均衡。机会面前人人平等，员工之间进行公平竞争，才能使员工的积极性彻底被激发。

“这是什么意思？为什么这次晋升考试我不能参加？”一位员工说。

“你资历不够。”经理说。

“公司又没规定晋升考试要看资历。”员工有些生气地说。

“公司是没规定，可是你才来几天就想参加晋升考试？以后有的是机会……”经理说了很多，意思很明显，员工资历浅，无缘此次晋升考试。

很多公司都是如此，员工晋升考试需要上级领导递交推荐信。可是，这也使得员工失去了很多发展的机会，处处受限，毫无公平可言。对此，员工也无心好好工作。

第三，阶梯晋升。这种晋升方式主要针对大部分员工而言，准确度较高，对于多数员工都能起到激励作用。

第四，破格晋升。有时会有特殊情况存在，如专才、特殊人才等，企业可以破格晋升。

建立完善的激励机制，最大限度激发员工的主观能动性，使组织目标得以贯彻执行。人有各种需求，如生理、安全、社交、尊重、自我实现等，企业可以根据员工在不同阶段的不同需求，采取不同的激励手段与技巧。在这里，企业需要注意的是，在激励机制下，得到的结果并非全都是企业所期望的。因此，在激励机制的基础上，企业还需要建立约束机制。不然员工只想着从中得到利益，其行为却与组织目标相悖。

奖罚分明，执行有力

随着经济的发展，市场竞争越来越激烈，很多企业都碰到了较为头疼的话题——执行力。企业执行力每况愈下，使企业的发展越来越艰难。企业执行不力，很大的一部分原因在于做不到奖罚分明。

对于企业来讲，奖罚分明对于提高企业执行力最为有效。只要奖罚分明，员工就会勇往直前，不遗余力地为企业创造价值。纵观中外大型企业，拥有好的管理理论、方案是成功的一部分，但如果没有奖罚分明的制度，执行力就会大打折扣，无法取得实质性的成效。

有些企业认为要做到奖罚分明很简单，事实真的如此吗？很多企业在创业之初或许可以保持斗志激昂，创下不俗的业绩，可是，规模不断扩大后，问题也随之而来。企业规模小时，做到奖罚分明很容易。一来领导者清楚企业的发展方向，二来对每位员工的工作了如指掌。可是，当企业到了一定规模，员工越来越多，要做到奖罚分明就有难度了。一来人员过多，二来工作更为复杂，作为领导很难做到一目了然。他们会发出疑问，为何方法不管用了？要做到奖罚分明，首先就要摒弃老方法，不要总是凭自己所看到或是感觉到的去管理，需要寻求科学的管理方法。那么，如何才能做到奖罚分明呢？

第一，明确员工工作目标。在企业里，如果员工的工作目标不够明确，那么，该奖励谁、该惩罚谁就无从下手。只有先确定企业的发展方向，拟定战略规划，然后落实到经营目标，以此来设定科学、合理的组织结构与人员编制。将企业的经营目标进行分解，落实到每个员工的工作目标中去。责任到人，才能奖罚分明。

一天，我接到一位朋友的诉苦电话：“明明不是我的责任，说好的由小王负责，到最后数据出错，却赖我头上，年终奖就这样没了。”我说：“公司不是有明确的奖罚制度吗？”朋友说：“奖罚制度是有，但责任划分不清。你赖我、我赖你是常有的事。而且，奖的少、罚的多，我都想跳槽了。”

很多企业都会遇到这样的问题。因为责任划分不清，员工之间相互推诿。当达不到预期效果时，不知道该罚谁；达到预期效果了，一句“这是大家一起努力的结果，继续加油”就将员工打发了。员工的工作目标不明确，很容易影响奖罚制度，员工的执行力也会受到影响。

第二，明确员工工作标准。有了目标就要有工作标准，否则相应的工作目标就很难完成，那么，奖罚也就没有意义了。因此，要梳理业务流程，将其规范化、标准化。员工有了工作标准，便会向标准看齐，这样才能做到执行有力。

第三，科学评估、持续改进。对员工的工作进行科学的评估，就可以知道谁该奖、谁该罚。这就需要建立科学、可行的评估系统，以示公平、公正。在此基础上还要对工作进行持续的改进，也就是常说的绩效考核。

第四，奖罚方法要合理。该如何奖、如何罚，看似很简单。很多管理者单纯地认为，奖罚就是工资的升降。如果不改变这样的想法，结果往往会适得其反。奖罚需要从两个方面去考虑，如方式和尺度。一般来讲，奖罚的方式分为物质奖励（工资升降、奖金、福利等）和精神奖励（评先进、通报表扬、社会地位等）。奖罚的尺度需要根据不同时期的特定环境来定，比如奖罚机制、晋升机制等。

看过海豚表演的人都知道，当海豚完成一个指定动作时，就会获得自己喜爱吃的食物。其实，运用到职场也是可行的。当员工完成了某个既定目标，受到奖励时，在以后的工作中他会更加努力。

当然，企业还要注重员工职业化的培训。如果个人道德修为不够，那么就会出现一种局面：有奖励就努力，没奖励就混。还有，如果领导者的奖罚态度过于“暧昧”，做好与做坏都一样，绩效考核也当作例行公事，走走过场，那么企业是很难发展下去的。

对于企业来讲，如果奖罚不痛不痒，那是很难取得应有的效果的，反而会增加企业负担。奖就要奖到他人眼红，人人都想争大奖；罚也要罚得那些不努力工作、不遵守规则的员工心惊肉跳，罚一次足以记一辈子。不要罚了起不到作用，反而遭员工恨，那就得不偿失了。

第十章

构建企业文化，营造良好执行氛围

服从是第一执行力

领导给一位员工安排工作，通常会得到三种回答：

“没问题，保证完成任务。”

“好的，我会尽力完成任务。”

“这我从来没做过，我怕做不好耽误公司的事。小郑以前做过，要不让他做吧。”

第一种人会迅速执行，全身心投入到此项任务中。第二种人当时应承下任务，可会尽量拖延，当领导要结果时才不得不去做。第三种人会找各种借口推脱。面对这三种回答，你作为领导会更欣赏哪一种？

不管有没有当过兵的人都知道，军人最重要的是服从。服从并不是让你盲目地听领导的话，而是强化服从意识，脚踏实地地做好自己该做的事。一个人如果服从意识淡薄，其执行力必定差。

老板让一个员工早上 9 点将货送到客户那里，员工正准备出门，下起了小雨。员工打电话给老板：“老板，下雨了，我晚点送行不行？”老板说：“你自己看着办。”员工心想：看着办？那就是可以先不送了。于是，他将货物放至一旁做起了其他事。直到下班雨也没停，货自然也就没送。

没有服从意识，延误工作，损失的是公司的利益。对于领导者来讲，如果你用一个不听话的经理，不服从公司决策的经理，那等于自寻死路。很多大型企业，如海尔，就是要求员工百分百服从，让你这么干，二话不说就干。如果一百个员工，一百个想法，这个往东跑，那个往西跑，还有的不想跑，你说公司还怎么前行？

2014 年，随着公司的不断发展，美格森集团原渭南生产基地需搬迁至咸阳三原。总部当时给生产基地下达的命令是：必须在 20 天内完成搬迁，期间不能因为搬迁耽误生产。

生产基地的搬迁将要面临维护车间正常运转、车间生产线扩充、GMP 认证、人员流失等一系列问题。如何克服这些问题，并确保生产正常运转，对于生产基地来说是一个极大的挑战。

压力就是动力。“听话、照做、不给公司找麻烦”更是所有美格森人特有的品质。7 月 22 日，基地厂房开始搬迁。在基地生产总监王小军先生的带领下，大家齐心协力，于 8 月 10 日顺利完成了厂房的搬迁，同时确保了生产的正常运转，并没有因为搬迁而延误销售。

12 月底，三原生产基地完成了车间生产线的扩展，由原来的两条生产线扩展为四条生产线。同时，经过一个月的准备，三原生产基地在 12 月底顺利通过了 GMP 认证。

一个整体要想发挥出巨大的力量，个体就要有服从精神。如果企业员工具备了服从意识，就会千方百计地去寻求解决问题的方法，达到预期结果。为何有些员工服从意识淡薄？原因如下：

第一，领导不兑现承诺。很多员工在公司积极性不大，一部分原因是领导做出的承诺总是不兑现。一位朋友说：“领导本来说好，五一全体员工去旅游的，这眼看就要到了，突然说取消了。”我说：“领导没说为什么取消吗？”朋友说：“还不是那些理由！说刚接了一个大客户，忙。最后领导说旅游估计去不成了，折合成现金发给我们。”我说：“那也挺好的。”朋友说：“好什么啊，我们都盼着去旅游呢！还准备了很多装备，这下都没用了。”很多公司都有这样的情况，许下的承诺总是一拖再拖。有些可行的候补方案，其实对员工的吸引力并不大。要想让员工积极主动地干活，领导许下的承诺就要及时兑现。

第二，朝令夕改。很多公司都犯过这样的错误：今天推行一个制度，明天再改个制度。变化太快，员工跟不上。有员工说：“上次规定完成的是目标的4%，这次又说是5%，我都不知道该怎么去工作了。”还有公司规定业绩排在最后一名的员工会被淘汰，可是新规定一出，最后一名员工也没淘汰。于是，很多员工就想：他没问题，我也不会有问题。这样朝令夕改，制度就会丧失权威性，不仅令员工感到无所适从，还大大降低了员工的执行力。

企业要想有长远发展，就要强化员工的服从意识。从企业管理的角度出发，岗位设定之后，接着就是各尽其责。一个优秀的团队必定拥有良好的服从观念，一个下属如果不能无条件服从上级，那么，就很难达成最终目标。相反地，就会使执行能力得到超强发挥，提升效率。

打造团队凝聚力

企业的发展离不开团队，企业的凝聚力、核心竞争力都取决于团队有建设。对于企业来讲，成熟且执行力强的团队可以使企业更加健康、快速地发展。打造团队凝聚力，可以使企业更具竞争力。

何为凝聚力？凝聚力就是指团队对于成员而言有吸引力，成员对于团队有向心力，加上成员之间的相互吸引，这样才能发挥最大的力量。团队凝聚力的大小直接影响着工作效率。一个团队，如果没有凝聚力，是不可能完成上级交代的任务的。团队凝聚力强就会令团队具有创造性，而且凝聚力对实现团队目标有着深远影响。试想一下，一个团队，成员之间钩心斗角，各做各的，那工作还怎么进行？因此，如何打造团队凝聚力是每个企业的头等大事。下面我们来分析一下如何打造团队凝聚力。

第一，建立起企业与员工之间的共同愿景。这个现代化的社会充满了竞争、压力，也提供了很多机会。身处职场，每个人都在根据自身条件，寻求最适合自己的发展空间，这也是员工跳槽层出不穷的原因。因此，要想留住人才，就需要构建一个企业与员工相互依赖的关系，培养员工的忠诚度。最重要的是让员工将企业的未来看成是自己的未来，将自己的成功与企业的发展紧密联系在一起，这样才能提高员工的办事效率。

第二，在团队中不应该有个人英雄主义。团队需要创造一种文化氛围，即每个人都是不可或缺的。大家要向着同一个目标努力，成员之间要学会相互配合与支持。

第三，成员之间需及时沟通。人无完人，团队中即便有人一时大意做错了，也要学着体谅。为了使任务可以顺利完成，要取长补短，相互协作。

第四，每个成员对自己的角色都要有一个明确的定位。在团队中，你扮演的是统筹者的角色，还是执行者的角色，要心中有数。明确了自己的角色定位，才能各司其职，发挥角色本身的力量，推动团队高效运行。

良好的团队氛围非常重要，成员间互帮互助，对于创建和谐的企业文化很有帮助，使企业凝聚力增加，对于企业发展也起到了促进作用。

企业的存在就是为了创造价值，团队起到了助推器的作用，高度的团队凝聚力可以产生更高的价值。一群人聚在一起只能称之为人群，而心聚在一起才可称为团队。如果团队里的每个人都有团队合作精神，那么，再大的困难也能迎刃而解，你的团队将战无不胜。

A 和 B 各带一个团队开展营销业务。A 的团队个人业务能力都很强，也正因为这样，每个人都心高气傲，对于 A 这个上司很不服气。因此，在开展工作后每个人都是各忙各的，成员之间毫无交流。B 的团队则各有各的特色。有的擅长跑业务，有的擅长创意……B 很有领导头脑，将大家聚在一起，共同协商，很快就制定出了一个具体的目标，然后成员各司其职。三个月后，绩效考核。A 的团队不但绩效远远落后于 B 团队，而且由于成员间业务争抢严重，彼此间关系也急剧恶化。

A 对于团队没有正确的认识，直接导致了其失败。一群有能力的人如果心聚不到一起，那么，个人能力再强也使不出多大的力。团队是一个命运共同体，只有将每个成员的能力综合起来，合理利用才能创造出巨大的能量。

塑造员工归属感

企业的发展离不开员工，员工是企业全面发展与建设的生力军。可以说，员工发挥得如何，直接关系着企业的未来。很多企业领导者总是抱怨员工跳槽，刚刚培养出来的人才，还没创造出成绩，就转身投奔他人而去。表面上看这的确很恼人，可是，你有想过原因吗？为何你的企业留不住员工？很多企业都指责员工忠诚度不够，责任心不强，交代的工作也是敷衍的成分居多。在此之前，你是否想过员工为何这样？很大一部分原因在于员工没有归属感。

员工缺少归属感，就没有安全感，做事也是三心二意。以一种“给别人做事”的心态工作，怎么可能创造出价值！因为缺少安全感，无法对企业投入情感，这也直接导致了员工的离职。而关键岗位的员工离职，会引发一系列问题，如客户流失、商业机密泄露等，会对企业带来致命的打击。

所以，企业要塑造员工的归属感，让其对企业从心理上、思想上、情感上产生认同感、安全感。这一过程较为复杂，可是，一旦形成将会无形中强化员工的自我约束力与责任感，从根本上调动员工的工作积极性。那么，如何塑造员工的归属感呢？下面我们来具体说明一下。

第一，价值认同度。不可否认，企业与员工是一个命运共同体，企业的荣辱与员工的幸福有着很大的关联。同样地，员工的发挥也直接影响着企业的发展。因此，只有将员工真正放在心上，员工才会将责任放在肩上，企业才能稳步前进。那么如何增强员工的价值认同感呢？首先，就员工而言，要对自己在企业的角色定位有个清晰的认识：我到这个企业是为了什么？我的目标同企业目标在理念上是否一致？如何采取正确的行动来实现自身价值？其次，就企业而言，对于员工的付出不能视而不见，在物质及精神上给员工以充分的肯定，使企业与员工的价值尽可能平衡。单靠高薪是无法真正留住人才的，还需建立完善的激励机制，使员工感到公平、公正。

第二，企业文化的建立。良好的企业文化可以使员工紧密团结起来，朝着一个目标，步调一致地前进。企业文化的加强，从本质上来讲，就是用先进的科学思想与经营理念使员工的头脑更加清楚，行为更加规范。企业形象也因此得到塑造，管理水平也会不断提高，进一步增强企业凝聚力与竞争力。在企业内部建立良好的学习氛围，给员工创造有价值的培训机会，使其掌握多方面的知识与技能，以便满足不同岗位的工作需求。员工在培训学习过程中相互讨论，资源共享，完善自身能力，用自己所学到的技能为企业更好地服务。

第三，情感交流。企业的发展少不了沟通，通过沟通可以了解员工真正的需求。沟通是一种表达情感的方式，同时还能使员工的社交需求得到满足。而且，领导与员工之间通过沟通可以实现心与心的交流，员工彼此间的思想在此交会，情感得到升华，同时避免产生不必要的误会。除了这些，企业要切实将员工放在心上，关心员工的日常工作、生活与学习。作为一个管理者，要深入基层，随时了解员工的思想动态。对于员工的可行性意见要加以鼓励，以此增加员工的成就感。

第四，给员工成长空间。很多员工在企业工作了一辈子，到退休了还只是个小主管，原因何在？可能是因为员工自身能力不足或是不求上进，但更重要的原因是，企业没有给员工成长的空间。员工是否真心为企业着想，取决于他对自身未来是否有理性的考虑。一个理性的员工在进入企业的那天起就会为自己今后在企业的发展进行规划。因此，作为领导者，要给员工一个实现自我价值与发展的机会，这样才不会使人才流失。给员工搭建一个提升自我的平台，冲破束缚，使其发展通道更为宽广。选拔任用，公平公正，真正实现能者上、庸者下，让能者有竞争的欲望。

小康今天的意见得到了领导的认同，这使他万分激动。他来美格森不到一年，已经被美格森良好的氛围所吸引。这是个凭实力论成败的公司，看似竞争激烈，但机会多多，每个人都铆足了劲，将自身价值发挥到极致，即便受批评了也能迅速调整过来。上班因讨论方案唇枪舌剑，下了班却如知己好友谈笑风生。公司如一个大家庭，员工则是家庭的一分子，每个人为了家庭更好而不断努力着，谁会对自己的家庭没有归属感呢？

这使得小康想到了之前的公司，他在前公司待了五年，可一直没有发展的机会。不是他不够努力，也不是能力不足，而是领导看不到他的努力。公司空降人员太多，当一个职位空缺，小康以为通过努力可以获得时，一个“空降兵”打破了小康的希望。如果“空降兵”有能力，或许小康还会服他，让小康无法忍受的是“空降兵”经常将他的劳动成果占为己有。小康在公司看不到任何希望，没有一点安全感、归属感。企业的任何制度，他们这些员工都没有资格参与讨论，这让他们觉得自己是没人要的孩子，慢慢地，做事也不积极了。

还是在朋友的建议下，小康辞职了，来到了美格森。领导对于小康的能力很认可。一年时间不到，小康不仅得到了发挥能力的机会，还从中学到了很多，这使得他的人生目标更加清晰，工作也更努力了。

很多企业总是向员工要业绩、要成果，却没有相应的激励机制，也没有考虑员工的实际需求，致使员工工作积极性越来越差。

我们把企业比作一个家，那么，员工就是家庭的一分子，就应该承担起自己的责任。企业应让员工有参与度，树立主人翁意识，这样才能让员工全身心地投入到工作当中。我们常说，顾客是上帝。员工何尝不是主人？让员工积极参与到企业的管理中，引导其主动参与，才能将个人荣辱与企业挂钩。给员工一个发展方向，使其奉献精神得到充分激发，员工才能最大限度地为企业创造价值。

“引爆执行力”课程介绍

【课程目标】

· 在模拟设计的各种场景中，全方位、有效地洞悉自己的状态和表现，去体会、感悟、学习、思考和分享；

· 提升企业团队的凝聚力、执行力；

· 提升自我管理，增强工作效率；

· 塑造积极向上的企业文化；

· 改变员工观念，激发员工积极向上的工作态度；

· 营造一个和谐、向上的团队氛围；

· 建立起超强无比的自信心；

· 每天都充满激情地投入自己的工作；

· 激发团队感恩与责任心；

· 让团队自动自发地进行工作。

【培训时间】两天一夜

【课程收获】

· 个人收获：

在充满挑战、冲击力极强的两天一夜的训练中，通过互动、体验、游戏活动和感恩环节的完美结合，使学员学会眼睛向内看，从自己的体验中学习；帮助学员照镜子，摸清自己的心智模式问题，清楚目标和现状；帮助参加者从心态、素质方面实现自我突破、自我超越，提升自信心及个人领导力和执行力。

· 企业收获：

通过团队的共同行动和情感交流，打开每个人的心扉，建立相互的信任关系，加深对责任、承诺的感悟，看到团队的力量，学习系统地、全面地思考问题；锻炼员工对工作、对企业的责任感、荣誉感，而不是去寻找任何借口，在日常工作中形成行为习惯，并延伸和作用于企业的发展中，最终为企业打造一支卓越团队！

【内容概述】

课程模块	课程设置	培训目标
第一天上午 破冰、小组竞赛	**关于执行力：** **方式：分组，选组长** ·团队展示（英雄本色） **目标：**培养成员主动承担错误的心态执行力的五大心法（加强责任心）	通过特定的氛围，增加团队的融合，增强凝聚力，引发学员对团队建设的责任心，感受团队合力创造的奇迹。
第一天下午 团队合作	**团队协作和凝聚力** **方式：分组游戏（加强协作能力和荣誉感）** ·提升个人执行力，体验“没有任何借口”的执行态度；打造高效团队，加强团队制度化建设。	通过一系列的团队活动，帮助学员感受什么是团队，端正团队合作的心态！
第一天晚上 突破自我	**走火大会：** **目标：**终极突破自我， 领悟激情、积极性在工作中的重要性。	通过走火大会，瞬间突破你的恐惧，激发你的潜能，帮助你进一步认清自我，让你从此不管遇到什么情况都能从容自信 ，拓展认识和行动的领域，突破局限，发挥潜能！
第二天上午 团队沟通与领导力	**管理课程：** ·沟通； ·组织； ·抗压。 **游戏：竹竿（巅峰合作）** ·凡事以结果为导向，不找任何借口 ·高度的责任感 ·明确的目标 ·付出的精神 ·良好的团队精神	通过游戏，加强管理、服从、挤压、沟通能力和认知，绝对服从！通过活动，体验人与人之间的相互支撑、相互扶助，使学员能在最短的时间内融入团队。
第二天下午 责任与感恩	**游戏：报数（领袖风采）** ·通过军事口令，体验没有错误的指令，只有错误的执行。 **感恩** ·宣读感恩词 **游戏：感恩（灵魂释放）** ·一路走来，曾经有谁给过我们关爱和支持？ ·不懂得感恩的人，做不好工作 ·借用宇宙的力量，感恩越多，目标达成越快 ·不可抗拒的力量：不断地感恩 不断地祈祷 ·达成任何目标，尽在自己掌握之中	·体验个人能力不等于团队能力，团队能力是个人能力的综合； ·引发学员彼此之间情感的互动和升华； ·引发学员对人与人关系的深入感悟和感恩的心； ·引发团队用自己的“爱心”打造属于自己的天堂。
总结篇 结业颁奖	颁奖、回首两天一夜的感动，分享自己的收获，集体合影，留下美好的瞬间。	

训练核心：解决团队面临的实际问题，让团队焕然一新，加强战斗力

注：为了本训练课程效果更显著，为企业带来更大价值，导师将根据企业实际情况对课程的内容进行适当修改；本次内训，送价值 12800 元的人力资源管理系统。咨询热线：185 1623 1391